David E. McAdams

Geometrische Netze - Projektbuch

von David E. McAdams
http://www.demcadams.com

Eine praktische Einführung in die dreidimensionale Geometrie, die Netze mit Anweisungen.

Copyright © 2015 by Life Is A Story Problem LLC, Colorado Springs, Colorado. All right reserved. Kein Teil dieser Publikation darf reproduziert, in einem Abrufsystem gespeichert oder ohne die ausdrückliche schriftliche Genehmigung des Urheberrechtsinhabers in irgendeiner Form oder mit irgendwelchen Mitteln, mit Ausnahme kurzer Zitate in technischen Besprechungen verkörpert.

Begrenzte Erlaubnis, für pädagogische Zwecke zu kopieren. Es ist erlaubt, für einzelne Seiten dieses Buches gewährt, um für den gelegentlichen, nichtkommerziellen Bildungs nur die Verwendung gemäß der ein Buch Regel kopiert werden: Ein Buch ist für jeden Lehrer, dessen Schüler wird dieses Material erworben werden. Für Hauskinder, muss ein Buch pro Mutter Unterrichten einer Gruppe von Kindern erworben werden.

Bildnachweis

Alle geometrischen Netze sind von David E. McAdams.

Alle Abbildungen sind von David E. McAdams, sofern nicht anders hier zu beachten.

- **Kegel** - LucasVB. Im öffentlichen Bereich durch Künstler platziert.
- **Kuboktaeder** - Svdmolen. Im öffentlichen Bereich durch Künstler platziert.
- **Abgeschrägtes Dodekaeder** - Tom Ruen. Im öffentlichen Bereich durch Künstler platziert.
- **Dodekaederstumpf** - Harkonnen2. Im öffentlichen Bereich durch Künstler platziert.
- **Ikosaederstumpf** - Svmolen. Im öffentlichen Bereich durch Künstler platziert.
- **Oktaederstumpf** - Inductiveload. Im öffentlichen Bereich durch Künstler platziert.
- **Abgestumpften Tetraeder** - Tom Ruen. Im öffentlichen Bereich durch Künstler platziert.

Inhaltsverzeichnis

- Anfangen ... 1
- Viverlängert triangolar Antiprisma ... 3
- Kegel ... 5
- Würfel ... 7
- Kuboktaeder ... 9
- Zylinder ... 11
- Antiprisma Dekagonale ... 13
- Prisma Dekagonale ... 15
- Deltoidalikositetraeder ... 17
- Spielwürfel ... 19
- Hexakisoktaeder ... 21
- Regelmäßiges Dodekaeder ... 23
- Verlängerte Fünfeckskuppel ... 25
- Verlängerte Fünfecksbipyramide ... 27
- Verdreht Verlängerte Fünfeckpyramide ... 29
- Verlängerte Quadratbipyramide ... 31
- Verlängerte Quadratpyramide ... 33
- Verlängerte Dreieckige Antiprisma ... 35
- Verlängerte Dreieckskuppel ... 37
- Verlängerte Dreiecksbipyramide ... 39
- Verlängerte Dreieckpyramide ... 41
- Zehneckigen Pyramidenstumpf ... 43
- Vierseitige Pyramidenstumpf ... 45
- Dreieckiger Pyramidenstumpf ... 47
- Großes Dodekaeder ... 49
- Ikosaederstern ... 51
- Verdreht Verlängerte Fünfeckpyramide ... 55
- Verdreht Verlängerte Quadratbipyramide ... 57
- Vierseitige Quadratischen Prisma ... 59
- Verdreht Verlängerte Quadratpyramide ... 61
- Siebeneckige Pyramide ... 63
- Hepteder 4,4,4,3,3,3,3 ... 65
- Hepteder 5,5,5,4,4,4,3 ... 67
- Hepteder 6,6,4,4,4,3,3 ... 69
- Sechseckprisma ... 71
- Sechseckigen Pyramide ... 73
- Hexaeder 4,4,4,4,3,3 ... 75
- Hexaeder 5,4,4,3,3,3 ... 77
- Hexaeder 5,5,4,4,3,3 ... 79
- Regelmäßiges Ikosaeder ... 81
- Ikosidodekaeder ... 83
- Schiefe Quadratischen Pyramide ... 85
- Oktagonal Antiprisma ... 87
- Regelmäßiges Oktaeder ... 89

Fünfeckigen Antiprisma	91
Fünfeckskuppel	93
Fünfecksbipyramide	95
Fünfecksprisma	97
Fünfeckigen Pyramide	99
Fünfecksrotunde	101
Fünfsternen Prisma	103
Rechteckige Pyramide	105
Rhombusprisma	107
Rhombenkuboktaeder	109
Kleine Rhombidodecaheda	111
Dodekaederstern	115
Abgeschrägtes Hexaeder	119
Abgeschrägtes Dodekaeder	123
Quadratantiprisma	127
Quadratkuppel	129
Quadratpyramide	131
Quadrattrapezoeder	133
Sterntetraeder	135
Regelmäßiges Tetraeder	137
Tetrakishexaeder	139
Triakisoktaeder	141
Triakistetraeder	143
Dreieckskuppel	145
Dreiecksbipyramide	147
Dreieckige Pentaeder	149
Dreieckiges Prisma	151
Schiefe Dreieckige Pyramide	153
Hexaederstumpf	155
Großes Rhombenkuboktaeder	157
Dodekaederstumpf	159
Ikosaederstumpf	163
Großes Rhombenikosidodekaeder	169
Oktaederstumpf	175
Abgestumpftes Tetraeder	177
Fünfeck Stern-Pyramide	179
Quadratisch Trapezoederstumpf	181

Anfangen

Was ist ein geometrisches Netz?

Ein geometrisches Netz ist eine flache Zeichnung, die zu einer dreidimensionalen Gestalt gefaltet werden kann. Zum Beispiel können sechs gleichen Quadraten, die in einem Würfel hergestellt werden. Dies liegt daran, dass ein Würfel sechs Seiten aufweist, die alle identisch sind Quadrate. Jeder der Zeichnungen in diesem Buch können in ein dreidimensionales geometrisches Objekt gefaltet werden.

Die meisten geometrischen Netze falten sich in Festkörpern mit flachen Seiten. Es gibt einige Ausnahmen. Ein Zylinder kann aus einem Rechteck und zwei Kreisen bestehen. Ein Kegel aus einem Kreis und ein Dreieck mit einem gekrümmten Boden gebildet werden.

Was bedeuten all die Worte in den Namen das?

Die meisten der Wörter in den Namen der dreidimensionale feste Formen verwendet werden, wurden von den Griechen vor mehr als zweitausend Jahren. Griechischen Mathematiker zusammen Worte, um Namen für die Formen machen. Einige der Worte bedeuten Zahlen. Zum Beispiel Tetra wird verwendet, um meine "vier". Einige der Wörter verwendet werden, sind:

Antiprisma: ein Feststoff mit Polygonen für die Grundlagen und Wechsel, identische Dreiecke für die Seiten.

Kuppel: mit einer Kuppel.

Deca: zehn.

decagon: ein flaches Polygon mit zehn Seiten.

deltoid: a kite förmiges Objekt mit vier Seiten.

deltoidal: wird der Kite geformte Objekte für Gesichter gemacht.

Bipyramide: ein Feststoff, der durch "Verkleben" der Böden der zwei identischen Pyramiden zusammengeführt werden kann.

verlängert: a Feststoff, der mit einer anderen Form beginnt, hat aber Rechtecke hinzugefügt, um ihn zu verlängern.

Stumpf: eine Pyramide oder Kegel mit der Spitze abgeschnitten.

verdreht verlängerte: verlängert die Zugabe eines Antiprisma an der Basis.

-eder: eine solide, dessen Seiten flach.

Ikosi-: mit zwanzig Seiten.

Schräge: nicht rechtwinklig.

Prisma: ein Feststoff mit Polygonen für die Hochs und Tiefs und identische Rechtecke für Seiten.

Pyramide: ein Feststoff mit einem Polygon für einen Boden und dreieckigen Seiten, die bis zu einem Punkt zu kommen.

regelmäßiges: mit Flächen gleicher regelmäßigen Polygonen.

rhombischen: enthält Rauten für einen oder mehrere Gesichter.

Raute: eine flache Gestalt mit vier Seiten, die nicht senkrecht sind.

Orthogonale: eine Linie durch die Mitte der Basis und der Mitte der Oberseite senkrecht nach oben und mit der Basis; oder eine Linie, die den Mittelpunkt der Basis zum Scheitelpunkt (Punkt) einer Zahl ist senkrecht zu der Basis.

Abgeschrägtes: von einer anderen Figur durch einen Prozess in drei Schritten geändert: Berichtigung, Abschneiden und Abwechslung.

stern: mit Flächen mit einer Pyramide, die das Gesicht als Basis hat ersetzt.

Tetra: Vier

Dreiecks: basierend auf einem Dreieck.

Wie schwer ist es, um einen Feststoff aus einem geometrischen Netz zu machen?

Einige von ihnen sind einfach, und einige sind hart. Grundsätzlich sind die mehreren Seiten ein Feststoff ist, desto schwieriger ist es, um von einem Netz zu bauen. Beginnen Sie mit den einfachen diejenigen, und bauen auf die Harten.

Wie baue ich eine solide aus einem geometrischen Netz?

Beginnen Sie, indem Sie eine Kopie der Seite, auf der der geometrische Netz gezogen wird. Wenn Sie Ihr Netz durch Rückgriff auf sie oder Farbstoffen dekorieren möchten, tun Sie dies, bevor Sie es herauszuschneiden.

Dann mit einer Schere vorsichtig schneiden Sie die net entlang der durchgezogenen Linien. Manchmal zwei benachbarten Flächen teilen sich eine Linie in der Zeichnung, die geschnitten werden müssen. Diese Linie wird eine durchgezogene Linie zu sein.

Sobald die Form ausgeschnitten ist, beginnen Falten entlang der gepunkteten Linien. Verwenden Sie kleine Stücke von durchsichtigem Klebeband, um die Ränder aneinander zu befestigen. Wenn alle Kanten zusammengeklebt, ist Deine Form beendet.

Viverlängert triangolar Antiprisma

1. Entlang der durchgezogenen Linien ausschneiden.
2. Falten auf punktiert.
3. Falten rückwärts auf gestrichelte Linien
4. Wählen Sie mit durchsichtigem Klebeband zu befestigen.

Wenn Sie zu zeichnen oder zu färben das Netz wollen, tun Sie es, bevor Sie es zusammen mit Klebeband. Wenn Sie es durch Kleben auf Dekorationen schmücken wollen, kleben Sie es zusammen zuerst.

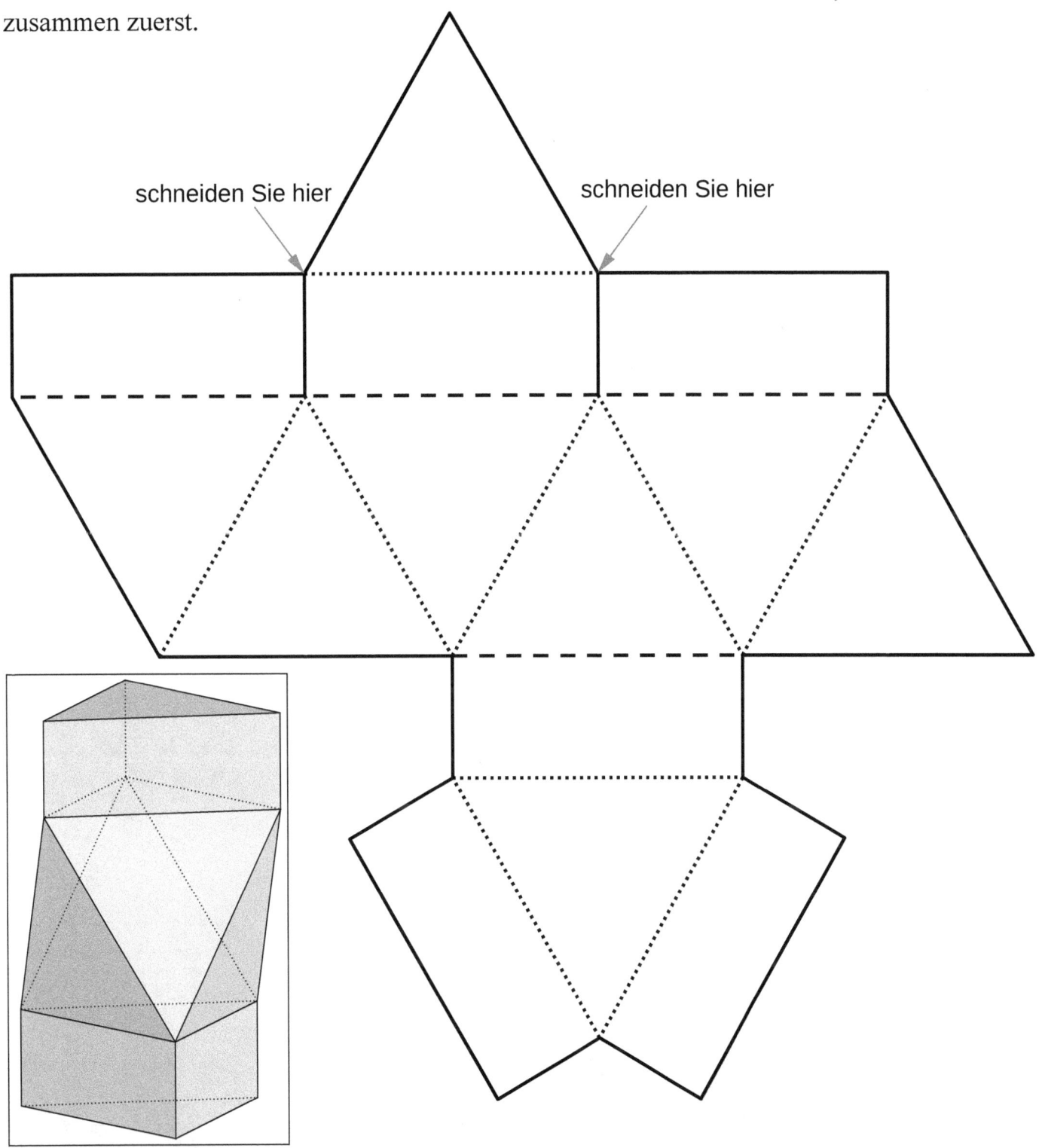

Geometrische Netze - Projektbuch von

Kegel

1. Entlang der durchgezogenen Linien ausschneiden.
2. Wählen Sie mit durchsichtigem Klebeband zu befestigen.

Wenn Sie zu zeichnen oder zu färben das Netz wollen, tun Sie es, bevor Sie es zusammen mit Klebeband. Wenn Sie es durch Kleben auf Dekorationen schmücken wollen, kleben Sie es zusammen zuerst.

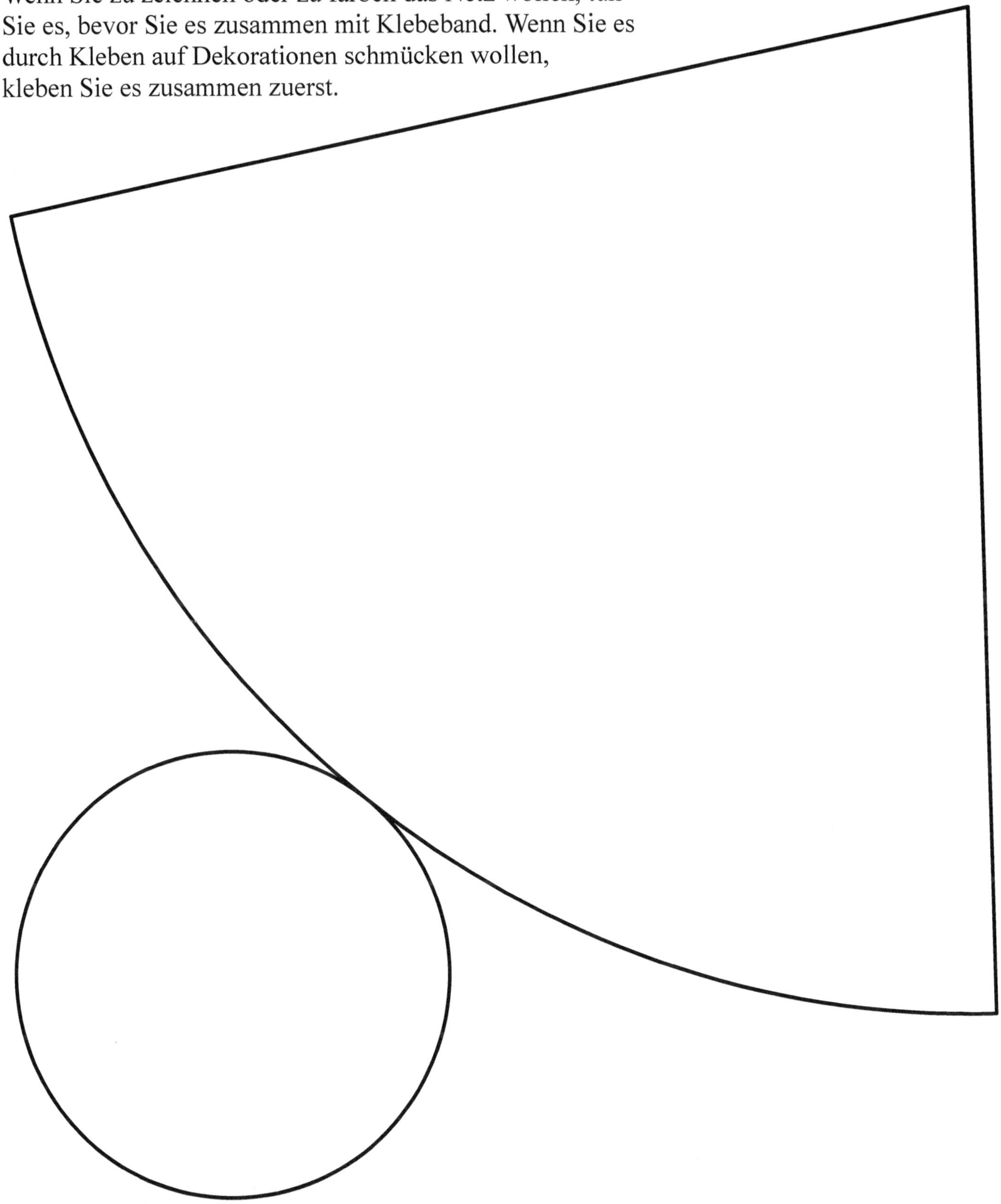

Geometrische Netze - Projektbuch von

Würfel

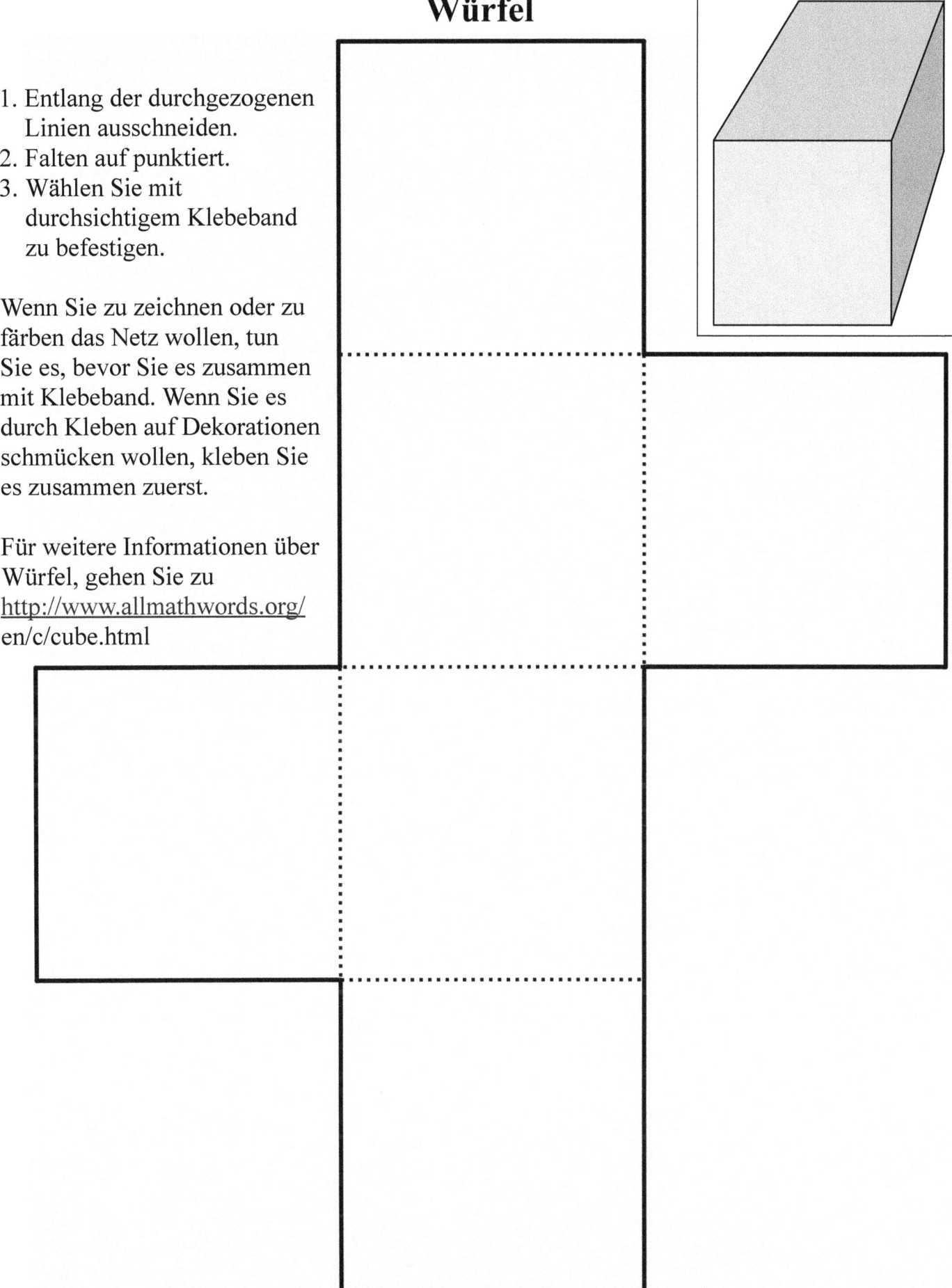

1. Entlang der durchgezogenen Linien ausschneiden.
2. Falten auf punktiert.
3. Wählen Sie mit durchsichtigem Klebeband zu befestigen.

Wenn Sie zu zeichnen oder zu färben das Netz wollen, tun Sie es, bevor Sie es zusammen mit Klebeband. Wenn Sie es durch Kleben auf Dekorationen schmücken wollen, kleben Sie es zusammen zuerst.

Für weitere Informationen über Würfel, gehen Sie zu
http://www.allmathwords.org/en/c/cube.html

Geometrische Netze - Projektbuch von

Kuboktaeder

1. Entlang der durchgezogenen Linien ausschneiden.
2. Falten auf punktiert.
3. Wählen Sie mit durchsichtigem Klebeband zu befestigen.

Wenn Sie zu zeichnen oder zu färben das Netz wollen, tun Sie es, bevor Sie es zusammen mit Klebeband. Wenn Sie es durch Kleben auf Dekorationen schmücken wollen, kleben Sie es zusammen zuerst.

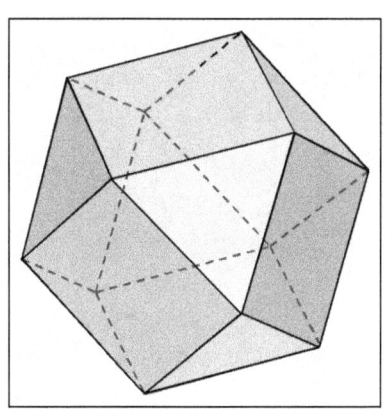

Kuboktaeder

1. Entlang der durchgezogenen Linien ausschneiden.
2. Falten auf punktiert.
3. Wählen Sie mit durchsichtigem Klebeband zu befestigen.

Wenn Sie zu zeichnen oder zu färben das Netz wollen, tun Sie es, bevor Sie es zusammen mit Klebeband. Wenn Sie es durch Kleben auf Dekorationen schmücken wollen, kleben Sie es zusammen zuerst.

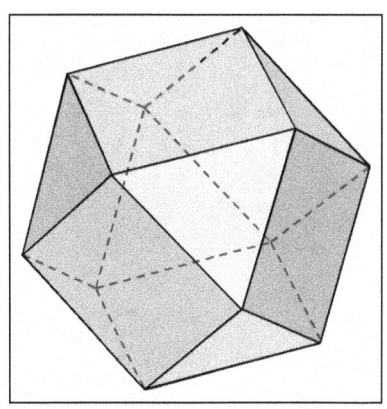

Geometrische Netze - Projektbuch von

Urheberrecht 2015 darf für den gelegentlichen, nichtkommerziellen Bildungs nur Gebrauch kopiert werden. Siehe Copyright-Hinweis für weitere Informationen.

Zylinder

1. Entlang der durchgezogenen Linien ausschneiden. Versuchen Sie, die Kreise nicht abgeschnitten des Rechtecks.
2. Rollen Sie das Rechteck in einen Zylinder.
3. Klappen Sie die Kreise auf den Zylinder entsprechen.
4. Wählen Sie mit durchsichtigem Klebeband zu befestigen.

Wenn Sie zu zeichnen oder zu färben das Netz wollen, tun Sie es, bevor Sie es zusammen mit Klebeband. Wenn Sie es durch Kleben auf Dekorationen schmücken wollen, kleben Sie es zusammen zuerst.

Geometrische Netze - Projektbuch von

Antiprisma Dekagonale

1. Entlang der durchgezogenen Linien ausschneiden.
2. Falten auf punktiert.
3. Wählen Sie mit durchsichtigem Klebeband zu befestigen.

Wenn Sie zu zeichnen oder zu färben das Netz wollen, tun Sie es, bevor Sie es zusammen mit Klebeband. Wenn Sie es durch Kleben auf Dekorationen schmücken wollen, kleben Sie es zusammen zuerst.

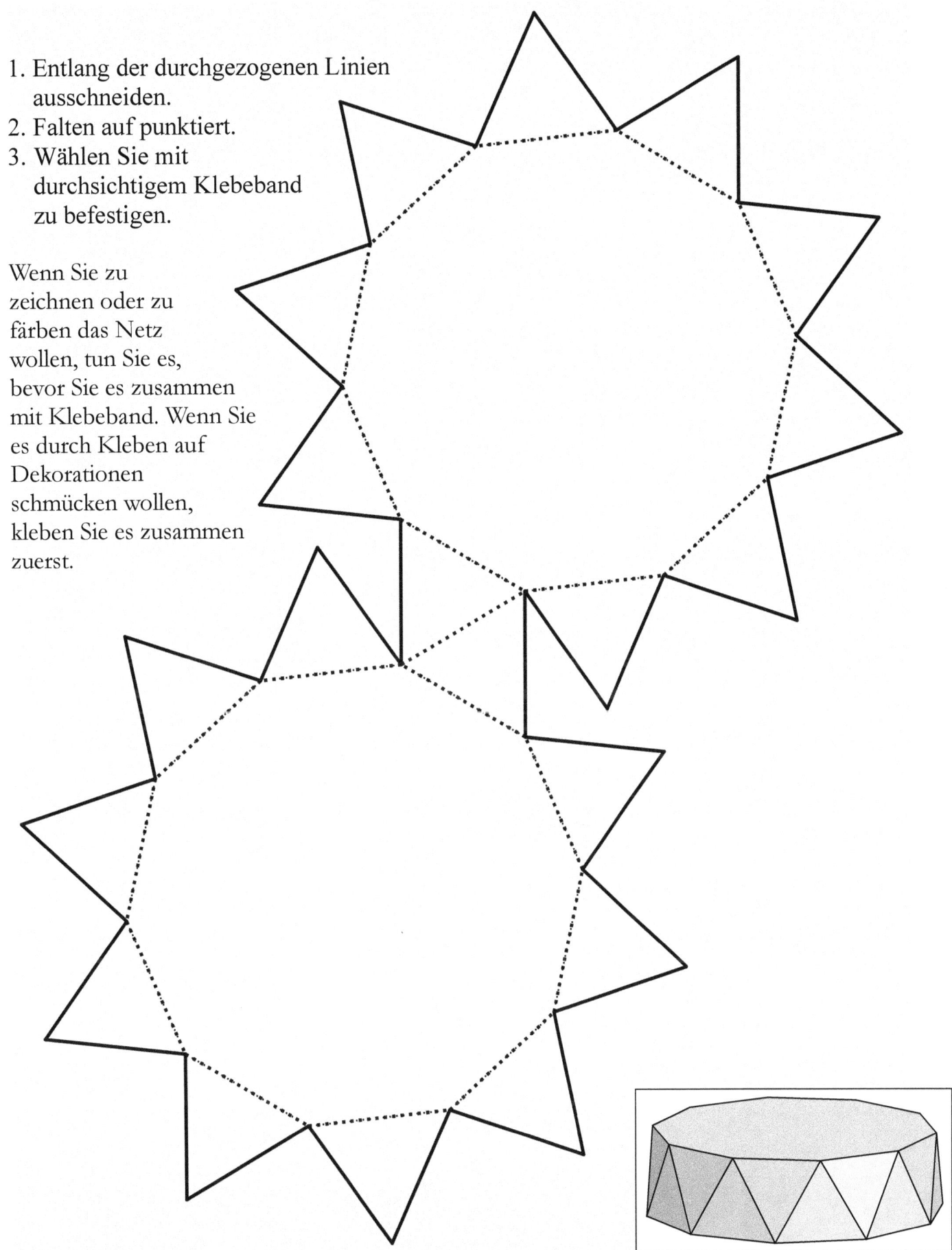

Geometrische Netze - Projektbuch von

Prisma Dekagonale

1. Entlang der durchgezogenen Linien ausschneiden.
2. Falten auf punktiert.
3. Wählen Sie mit durchsichtigem Klebeband zu befestigen.

Wenn Sie zu zeichnen oder zu färben das Netz wollen, tun Sie es, bevor Sie es zusammen mit Klebeband. Wenn Sie es durch Kleben auf Dekorationen schmücken wollen, kleben Sie es zusammen zuerst.

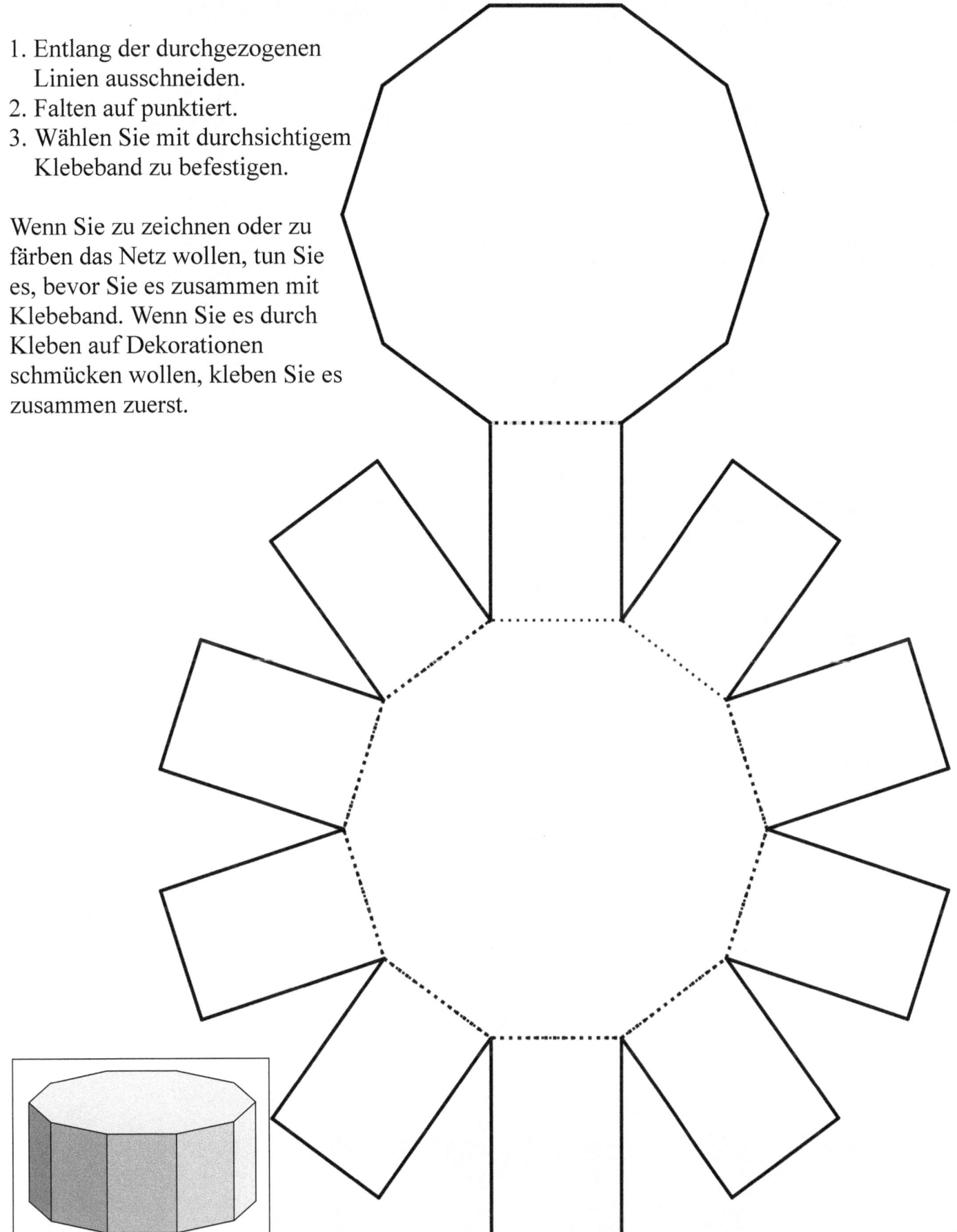

Geometrische Netze - Projektbuch von

Urheberrecht 2015 darf für den gelegentlichen, nichtkommerziellen Bildungs nur Gebrauch kopiert werden. Siehe Copyright-Hinweis für weitere Informationen.

Deltoidalikositetraeder

1. Entlang der durchgezogenen Linien ausschneiden.
2. Falten auf punktiert.
3. Wählen Sie mit durchsichtigem Klebeband zu befestigen.

Wenn Sie zu zeichnen oder zu färben das Netz wollen, tun Sie es, bevor Sie es zusammen mit Klebeband. Wenn Sie es durch Kleben auf Dekorationen schmücken wollen, kleben Sie es zusammen zuerst.

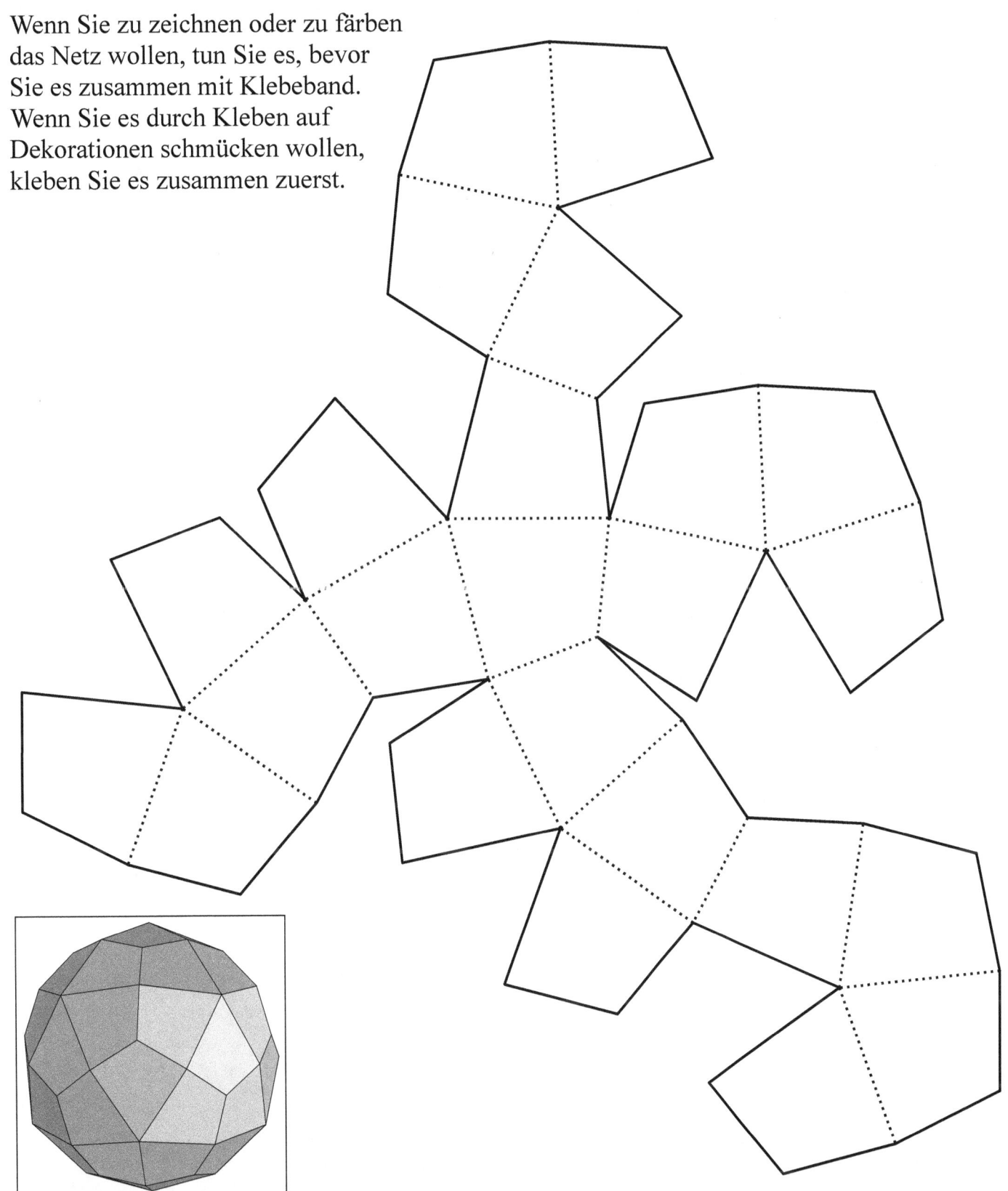

Geometrische Netze - Projektbuch von

Spielwürfel

1. Entlang der durchgezogenen Linien ausschneiden.
2. Falten auf punktiert.
3. Wählen Sie mit durchsichtigem Klebeband zu befestigen.

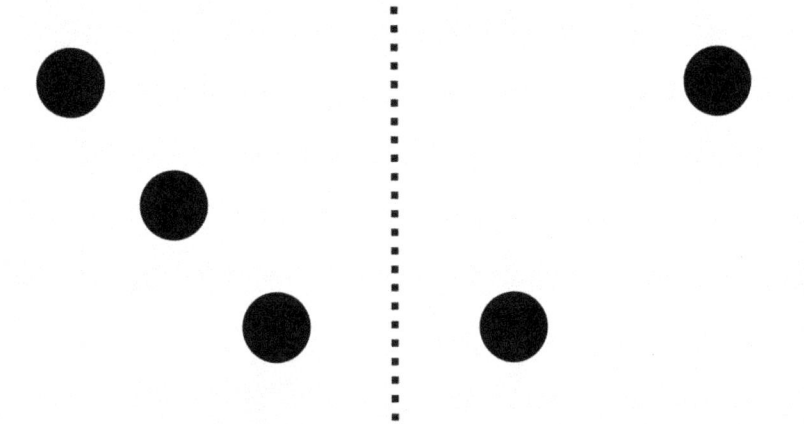

Wenn Sie zu zeichnen oder zu färben das Netz wollen, tun Sie es, bevor Sie es zusammen mit Klebeband. Wenn Sie es durch Kleben auf Dekorationen schmücken wollen, kleben Sie es zusammen zuerst.

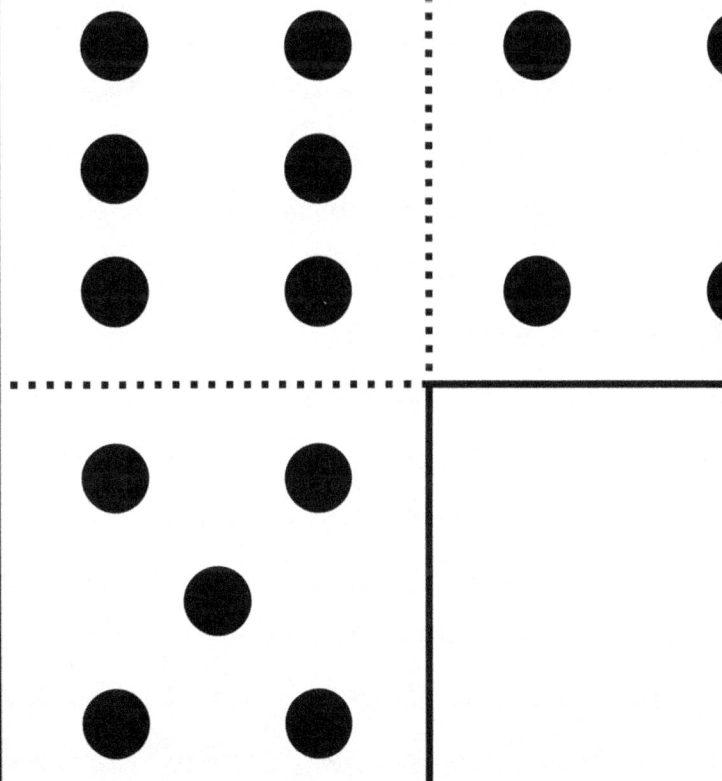

Geometrische Netze - Projektbuch von

Hexakisoktaeder

1. Entlang der durchgezogenen Linien ausschneiden.
2. Falten auf punktiert.
3. Wählen Sie mit durchsichtigem Klebeband zu befestigen.

Wenn Sie zu zeichnen oder zu färben das Netz wollen, tun Sie es, bevor Sie es zusammen mit Klebeband. Wenn Sie es durch Kleben auf Dekorationen schmücken wollen, kleben Sie es zusammen zuerst.

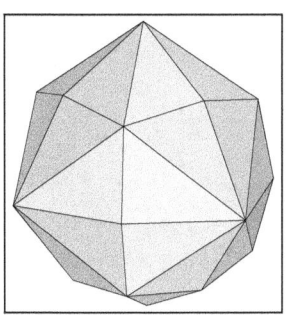

Geometrische Netze - Projektbuch von

Regelmäßiges Dodekaeder

1. Entlang der durchgezogenen Linien ausschneiden.
2. Falten auf punktiert.
3. Wählen Sie mit durchsichtigem Klebeband zu befestigen.

Wenn Sie zu zeichnen oder zu färben das Netz wollen, tun Sie es, bevor Sie es zusammen mit Klebeband. Wenn Sie es durch Kleben auf Dekorationen schmücken wollen, kleben Sie es zusammen zuerst.

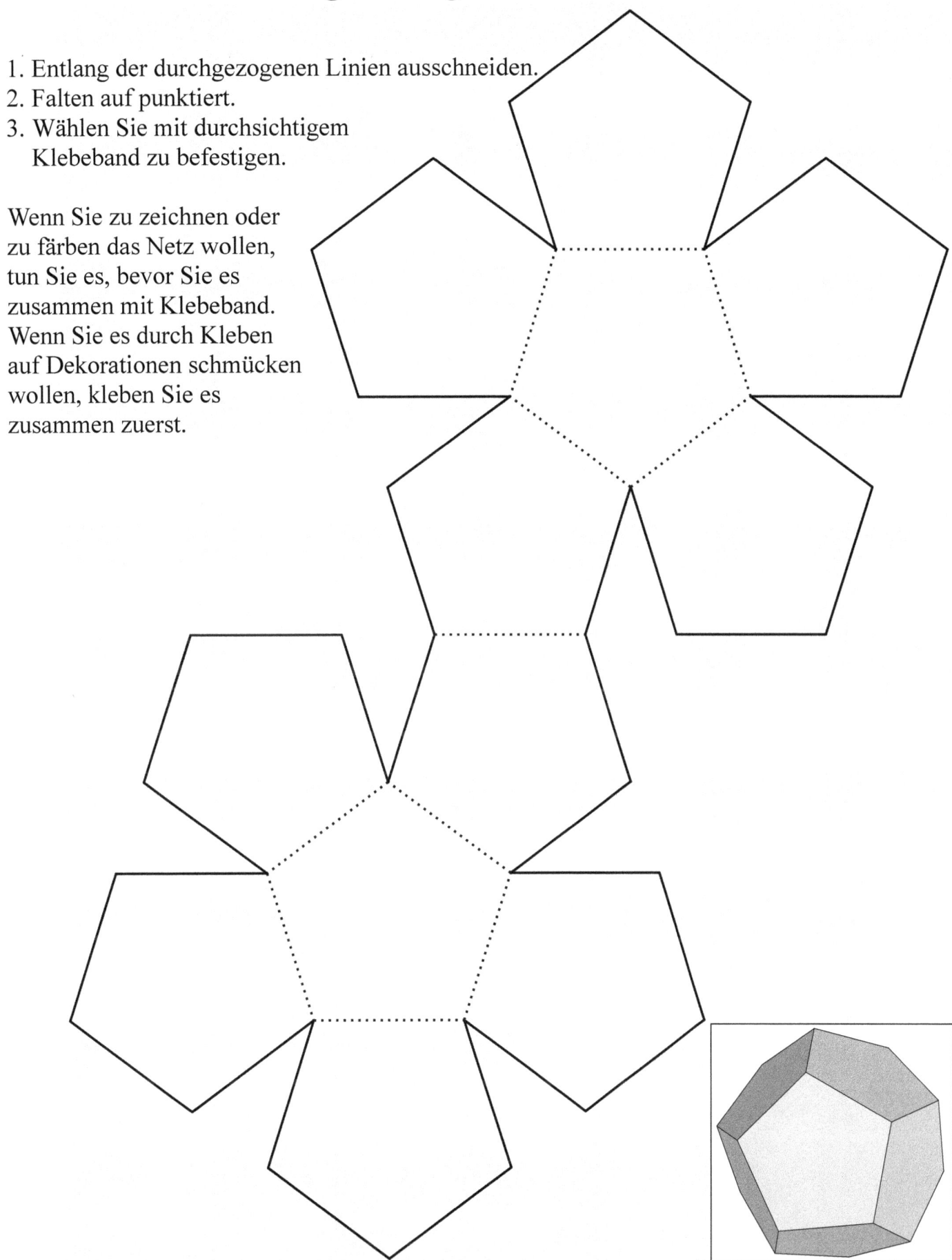

Verlängerte Fünfeckskuppel

1. Entlang der durchgezogenen Linien ausschneiden.
2. Falten auf punktiert.
3. Wählen Sie mit durchsichtigem Klebeband zu befestigen.

Wenn Sie zu zeichnen oder zu färben das Netz wollen, tun Sie es, bevor Sie es zusammen mit Klebeband. Wenn Sie es durch Kleben auf Dekorationen schmücken wollen, kleben Sie es zusammen zuerst.

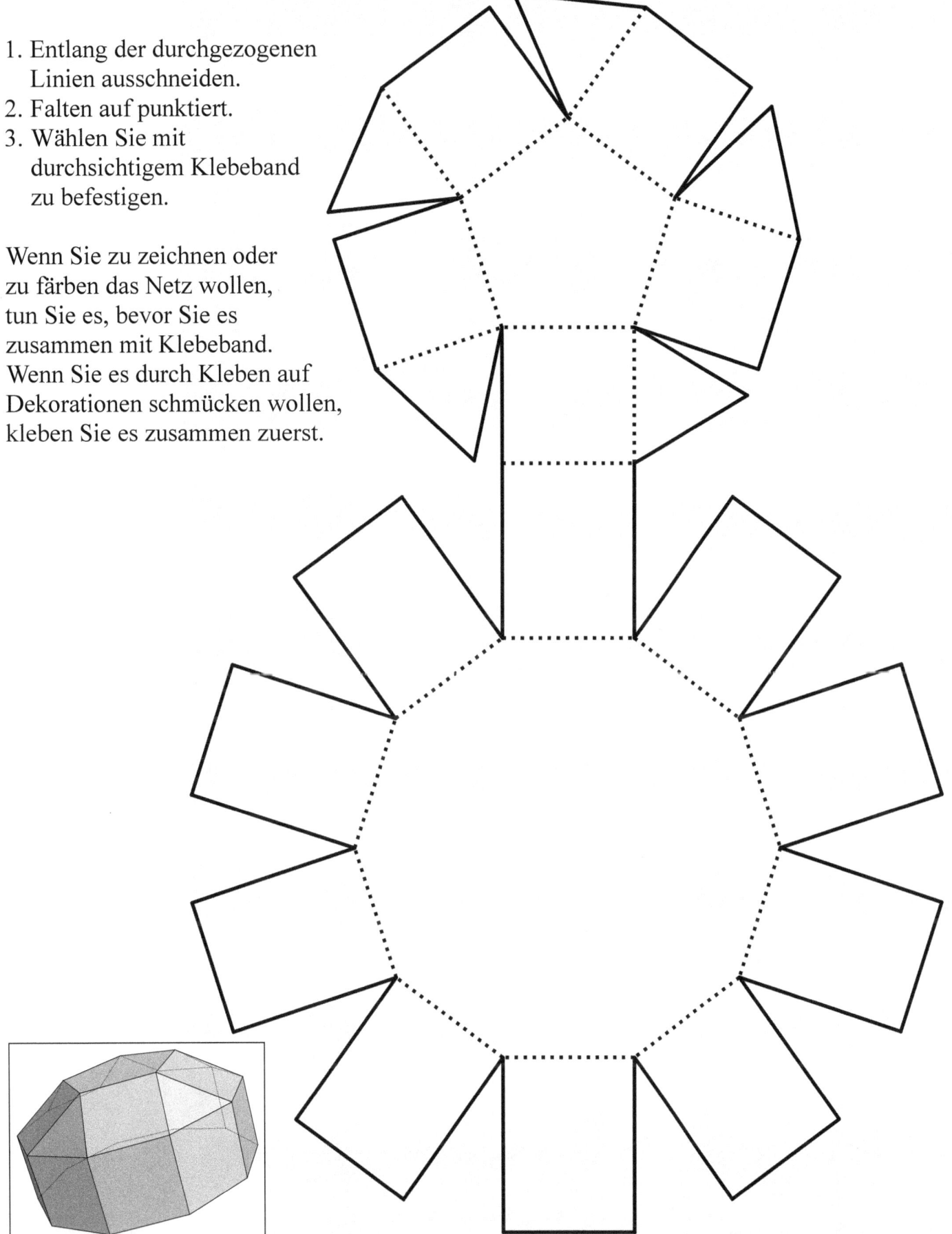

Geometrische Netze - Projektbuch von

Verlängerte Fünfecksbipyramide

1. Entlang der durchgezogenen Linien ausschneiden.
2. Falten auf punktiert.
3. Wählen Sie mit durchsichtigem Klebeband zu befestigen.

Wenn Sie zu zeichnen oder zu färben das Netz wollen, tun Sie es, bevor Sie es zusammen mit Klebeband. Wenn Sie es durch Kleben auf Dekorationen schmücken wollen, kleben Sie es zusammen zuerst.

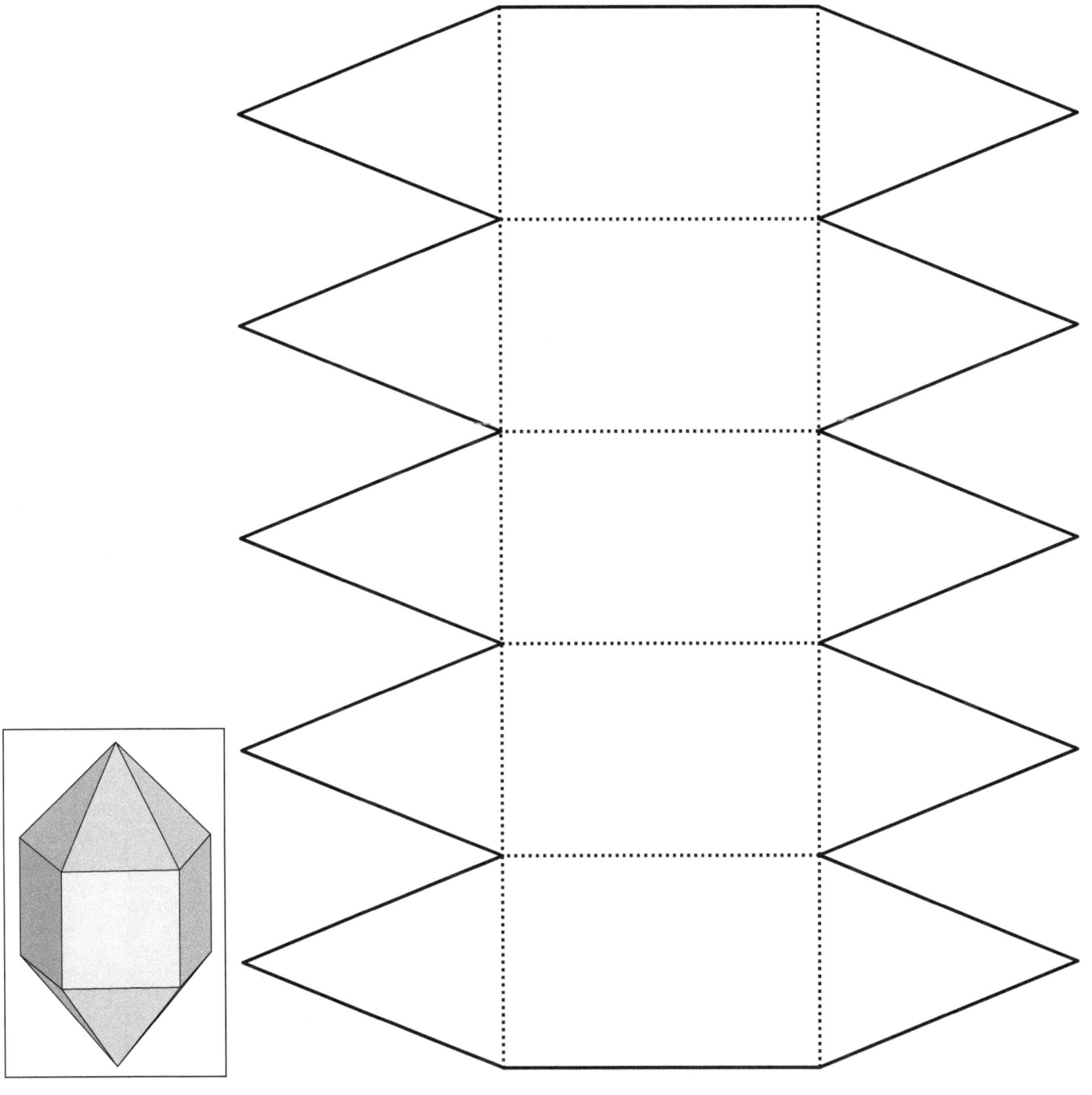

Geometrische Netze - Projektbuch von

Verdreht Verlängerte Fünfeckpyramide

1. Entlang der durchgezogenen Linien ausschneiden.
2. Falten auf punktiert.
3. Wählen Sie mit durchsichtigem Klebeband zu befestigen.

Wenn Sie zu zeichnen oder zu färben das Netz wollen, tun Sie es, bevor Sie es zusammen mit Klebeband. Wenn Sie es durch Kleben auf Dekorationen schmücken wollen, kleben Sie es zusammen zuerst.

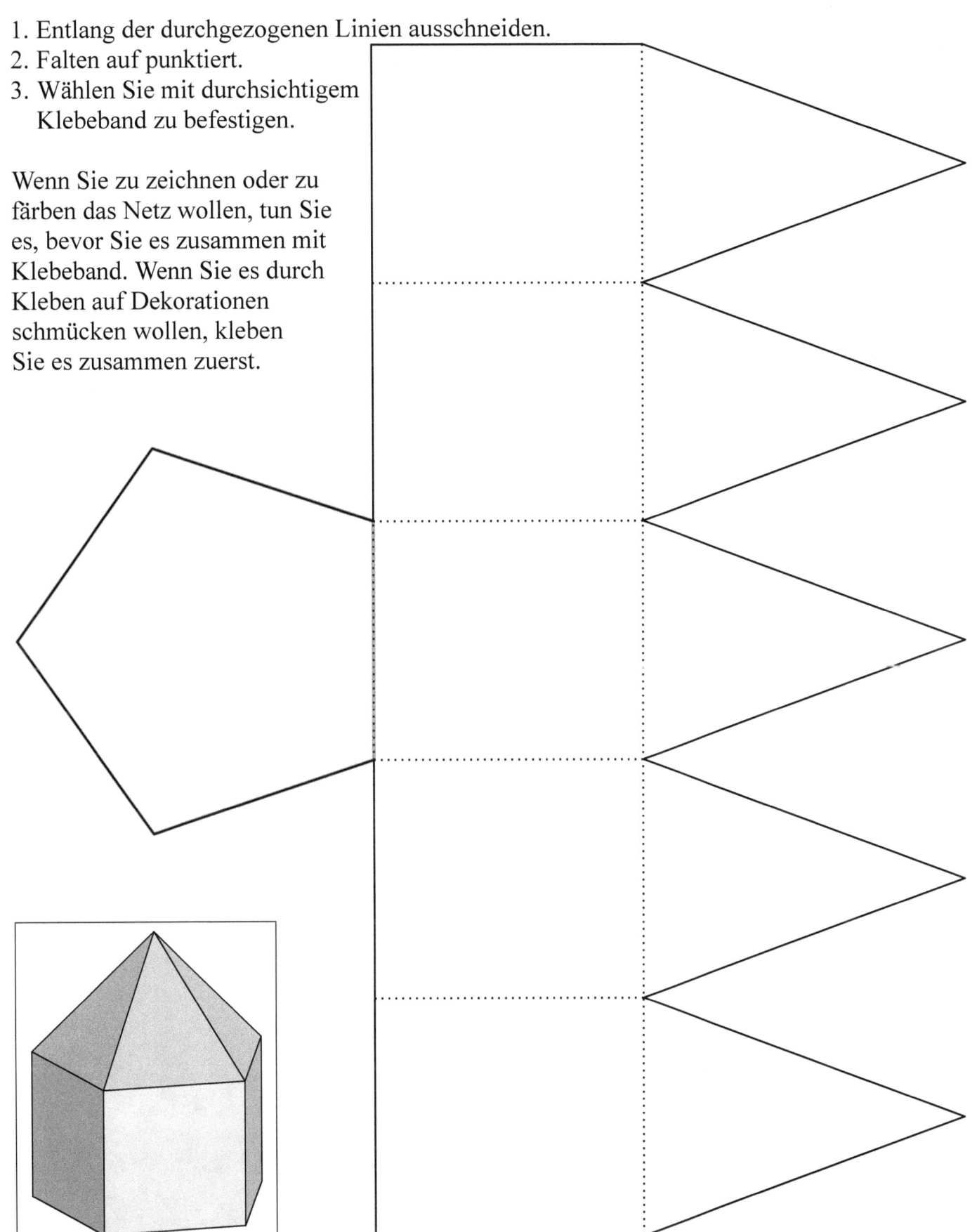

Geometrische Netze - Projektbuch von

Verlängerte Quadratbipyramide

1. Entlang der durchgezogenen Linien ausschneiden.
2. Falten auf punktiert.
3. Wählen Sie mit durchsichtigem Klebeband zu befestigen.

Wenn Sie zu zeichnen oder zu färben das Netz wollen, tun Sie es, bevor Sie es zusammen mit Klebeband. Wenn Sie es durch Kleben auf Dekorationen schmücken wollen, kleben Sie es zusammen zuerst.

Geometrische Netze - Projektbuch von

Verlängerte Quadratpyramide

1. Entlang der durchgezogenen Linien ausschneiden.
2. Falten auf punktiert.
3. Wählen Sie mit durchsichtigem Klebeband zu befestigen.

Wenn Sie zu zeichnen oder zu färben das Netz wollen, tun Sie es, bevor Sie es zusammen mit Klebeband. Wenn Sie es durch Kleben auf Dekorationen schmücken wollen, kleben Sie es zusammen zuerst.

Geometrische Netze - Projektbuch von

Urheberrecht 2015 darf für den gelegentlichen, nichtkommerziellen Bildungs nur Gebrauch kopiert werden. Siehe Copyright-Hinweis für weitere Informationen.

Verlängerte Dreieckige Antiprisma

1. Entlang der durchgezogenen Linien ausschneiden.
2. Falten auf punktiert.
3. Falten rückwärts auf gestrichelte Linien
4. Wählen Sie mit durchsichtigem Klebeband zu befestigen.

Wenn Sie zu zeichnen oder zu färben das Netz wollen, tun Sie es, bevor Sie es zusammen mit Klebeband. Wenn Sie es durch Kleben auf Dekorationen schmücken wollen, kleben Sie es zusammen zuerst.

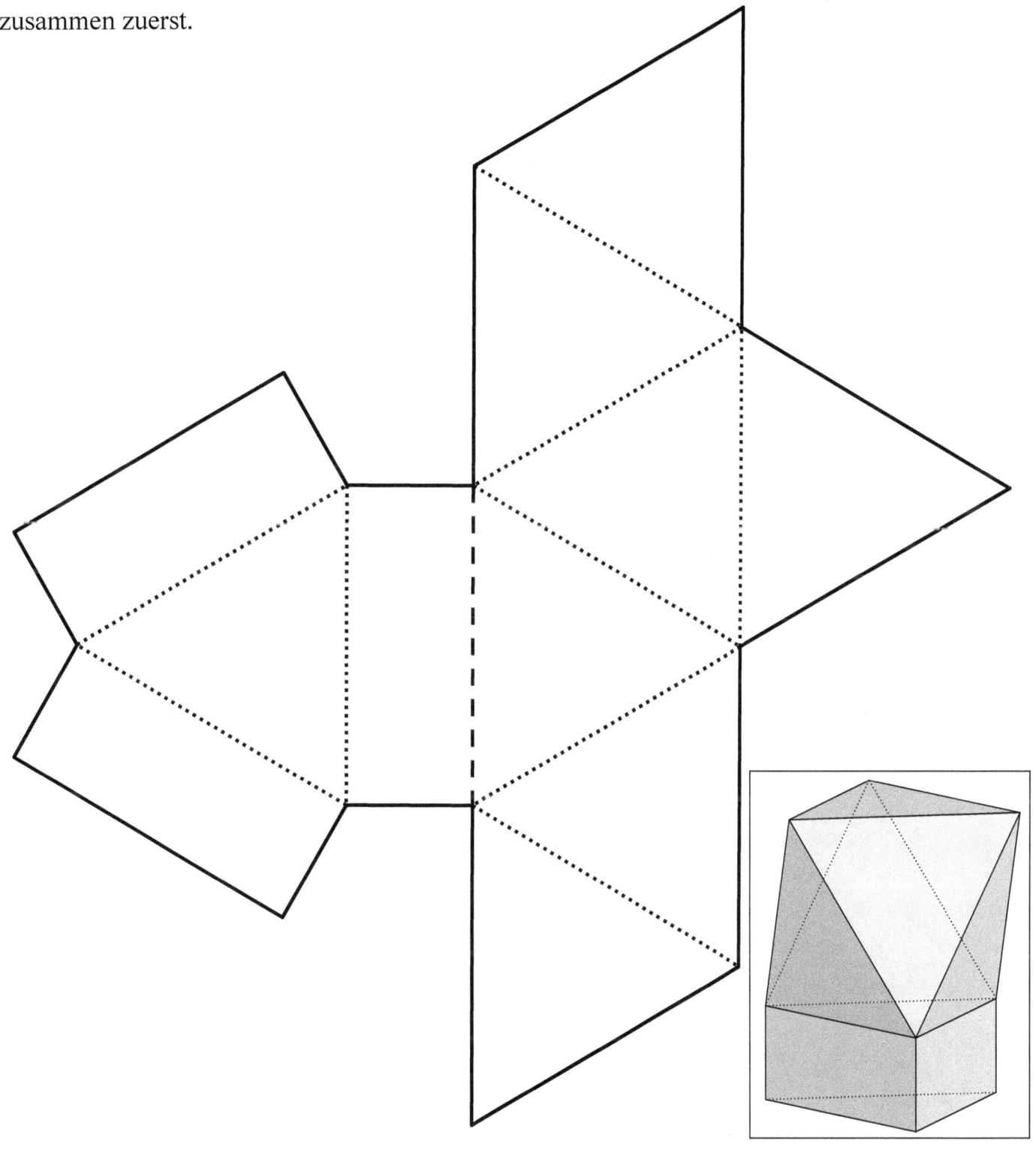

Geometrische Netze - Projektbuch von

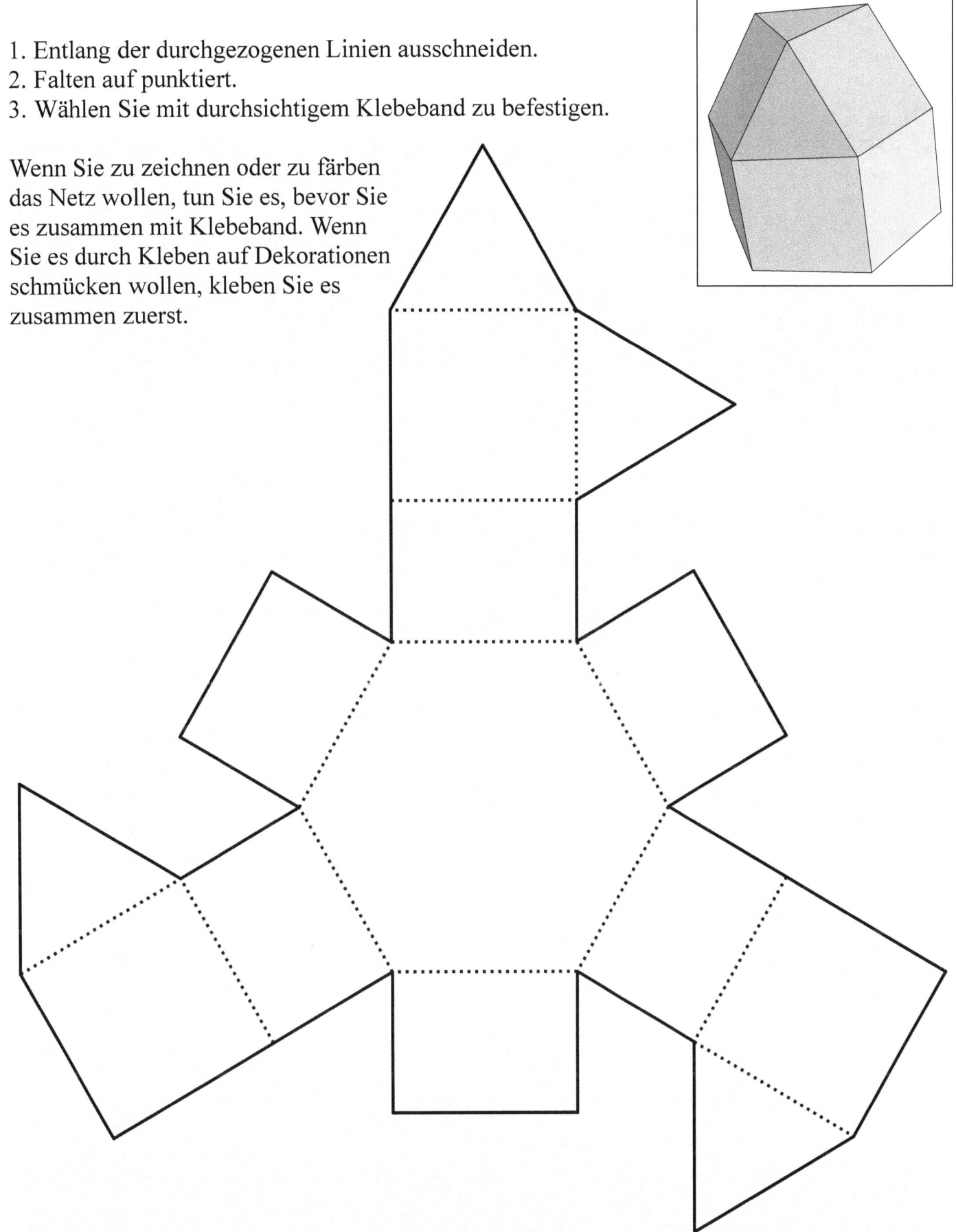

Verlängerte Dreieckskuppel

1. Entlang der durchgezogenen Linien ausschneiden.
2. Falten auf punktiert.
3. Wählen Sie mit durchsichtigem Klebeband zu befestigen.

Wenn Sie zu zeichnen oder zu färben das Netz wollen, tun Sie es, bevor Sie es zusammen mit Klebeband. Wenn Sie es durch Kleben auf Dekorationen schmücken wollen, kleben Sie es zusammen zuerst.

Geometrische Netze - Projektbuch von

Verlängerte Dreiecksbipyramide

1. Entlang der durchgezogenen Linien ausschneiden.
2. Falten auf punktiert.
3. Wählen Sie mit durchsichtigem Klebeband zu befestigen.

Wenn Sie zu zeichnen oder zu färben das Netz wollen, tun Sie es, bevor Sie es zusammen mit Klebeband. Wenn Sie es durch Kleben auf Dekorationen schmücken wollen, kleben Sie es zusammen zuerst.

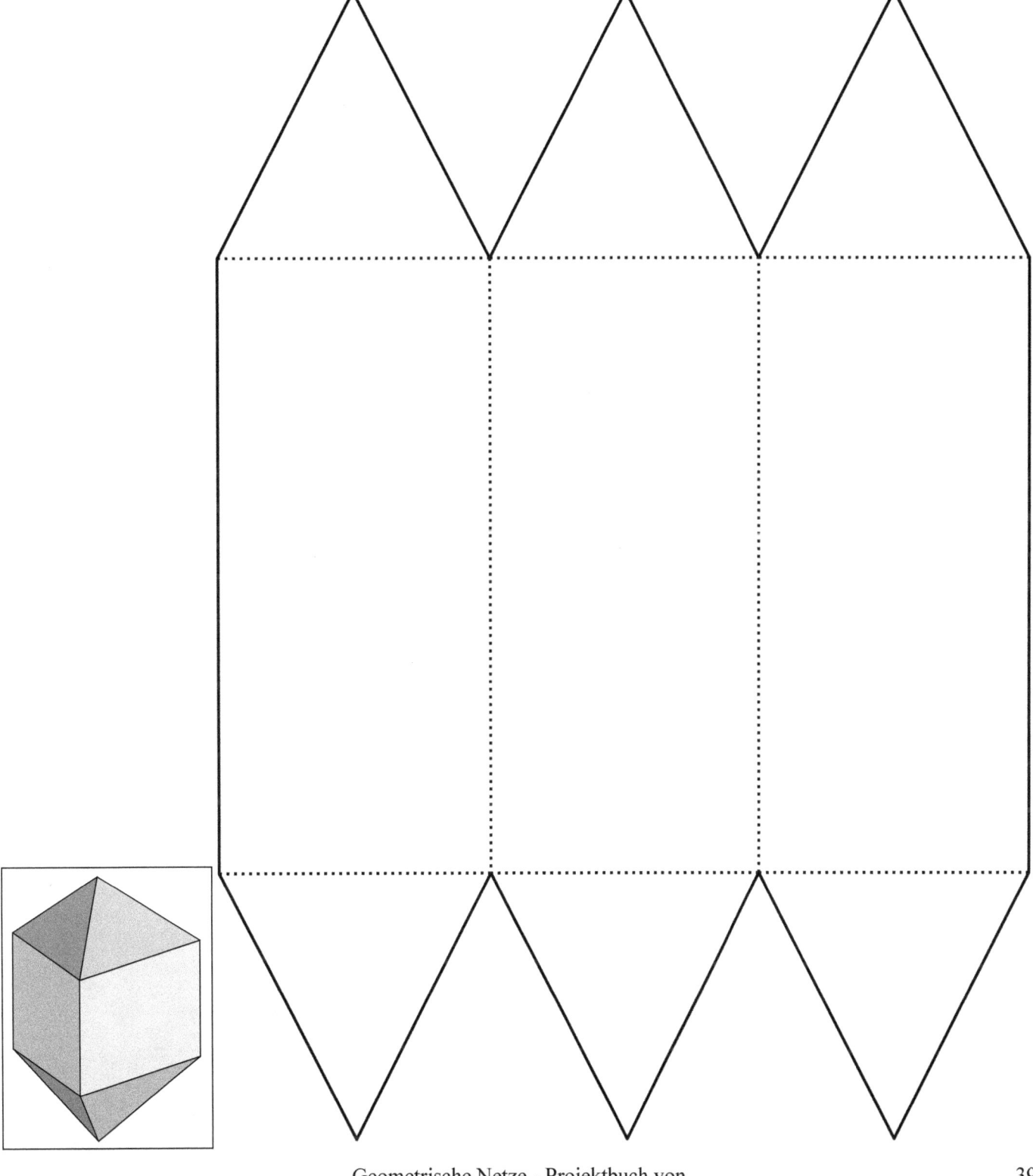

Geometrische Netze - Projektbuch von

Verlängerte Dreieckpyramide

1. Entlang der durchgezogenen Linien ausschneiden.
2. Falten auf punktiert.
3. Wählen Sie mit durchsichtigem Klebeband zu befestigen.

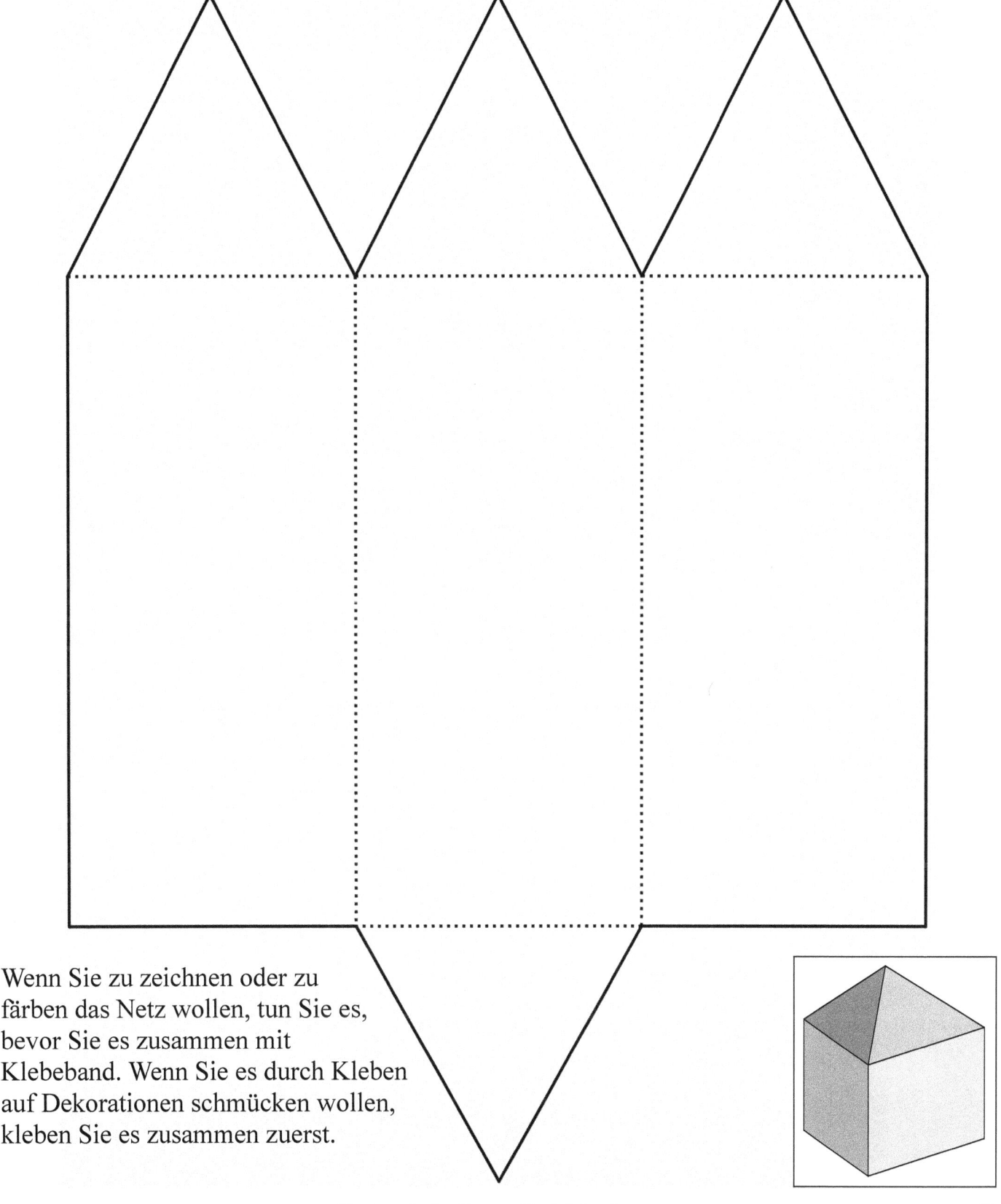

Wenn Sie zu zeichnen oder zu färben das Netz wollen, tun Sie es, bevor Sie es zusammen mit Klebeband. Wenn Sie es durch Kleben auf Dekorationen schmücken wollen, kleben Sie es zusammen zuerst.

Geometrische Netze - Projektbuch von

Zehneckigen Pyramidenstumpf

1. Entlang der durchgezogenen Linien ausschneiden.
2. Falten auf punktiert.
3. Wählen Sie mit durchsichtigem Klebeband zu befestigen.

Wenn Sie zu zeichnen oder zu färben das Netz wollen, tun Sie es, bevor Sie es zusammen mit Klebeband. Wenn Sie es durch Kleben auf Dekorationen schmücken wollen, kleben Sie es zusammen zuerst.

Geometrische Netze - Projektbuch von

Vierseitige Pyramidenstumpf

1. Entlang der durchgezogenen Linien ausschneiden.
2. Falten auf punktiert.
3. Wählen Sie mit durchsichtigem Klebeband zu befestigen.

Wenn Sie zu zeichnen oder zu färben das Netz wollen, tun Sie es, bevor Sie es zusammen mit Klebeband. Wenn Sie es durch Kleben auf Dekorationen schmücken wollen, kleben Sie es zusammen zuerst.

Geometrische Netze - Projektbuch von

Urheberrecht 2015 darf für den gelegentlichen, nichtkommerziellen Bildungs nur Gebrauch kopiert werden. Siehe Copyright-Hinweis für weitere Informationen.

Dreieckiger Pyramidenstumpf

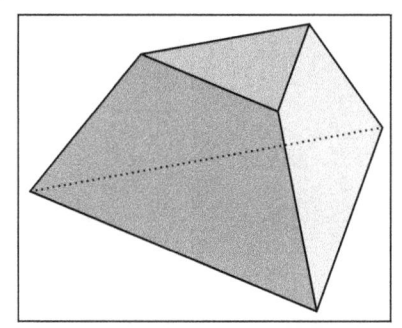

1. Entlang der durchgezogenen Linien ausschneiden.
2. Falten auf punktiert.
3. Wählen Sie mit durchsichtigem Klebeband zu befestigen.

Wenn Sie zu zeichnen oder zu färben das Netz wollen, tun Sie es, bevor Sie es zusammen mit Klebeband. Wenn Sie es durch Kleben auf Dekorationen schmücken wollen, kleben Sie es zusammen zuerst.

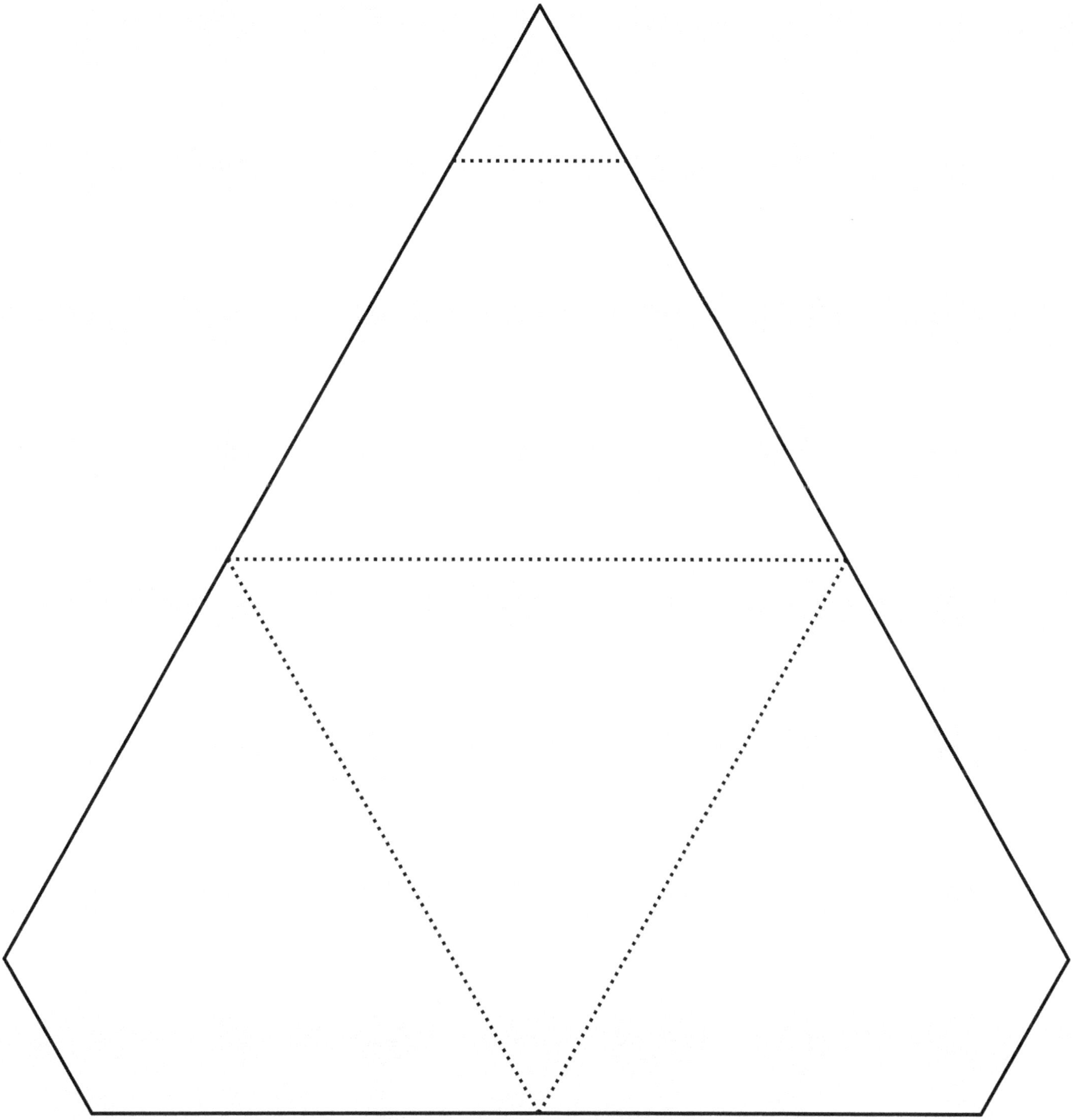

Geometrische Netze - Projektbuch von

Großes Dodekaeder

1. Entlang der durchgezogenen Linien ausschneiden.
2. Falten auf punktiert.
3. Falten rückwärts auf gestrichelte Linien
4. Wählen Sie mit durchsichtigem Klebeband zu befestigen.

Wenn Sie zu zeichnen oder zu färben das Netz wollen, tun Sie es, bevor Sie es zusammen mit Klebeband. Wenn Sie es durch Kleben auf Dekorationen schmücken wollen, kleben Sie es zusammen zuerst.

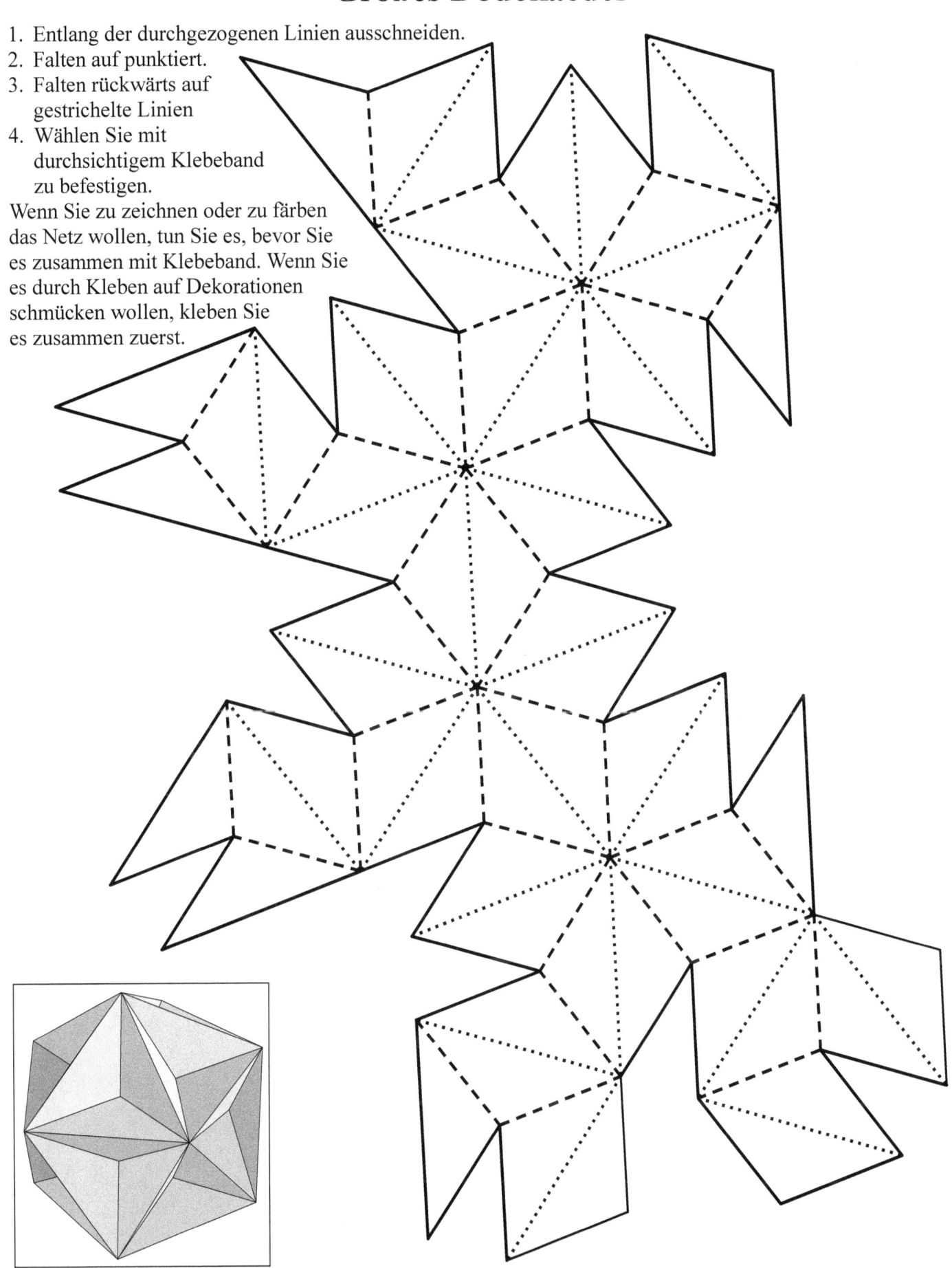

Geometrische Netze - Projektbuch von

Ikosaederstern

1. Dies ist eine zweiteilige net. Die Hälfte ist auf dieser Seite, und die Hälfte ist auf der nächsten.
2. Schneiden Sie die beiden Teile entlang der durchgezogenen Linien.
3. Kleben Sie die beiden Teile zusammen auf das Etikett 'A'.
4. Falte am gestrichelten Linien.
5. Wählen Sie mit durchsichtigem Klebeband zu befestigen.

Wenn Sie zu zeichnen oder zu färben das Netz wollen, tun Sie es, bevor Sie es zusammen mit Klebeband. Wenn Sie es durch Kleben auf Dekorationen schmücken wollen, kleben Sie es zusammen zuerst.

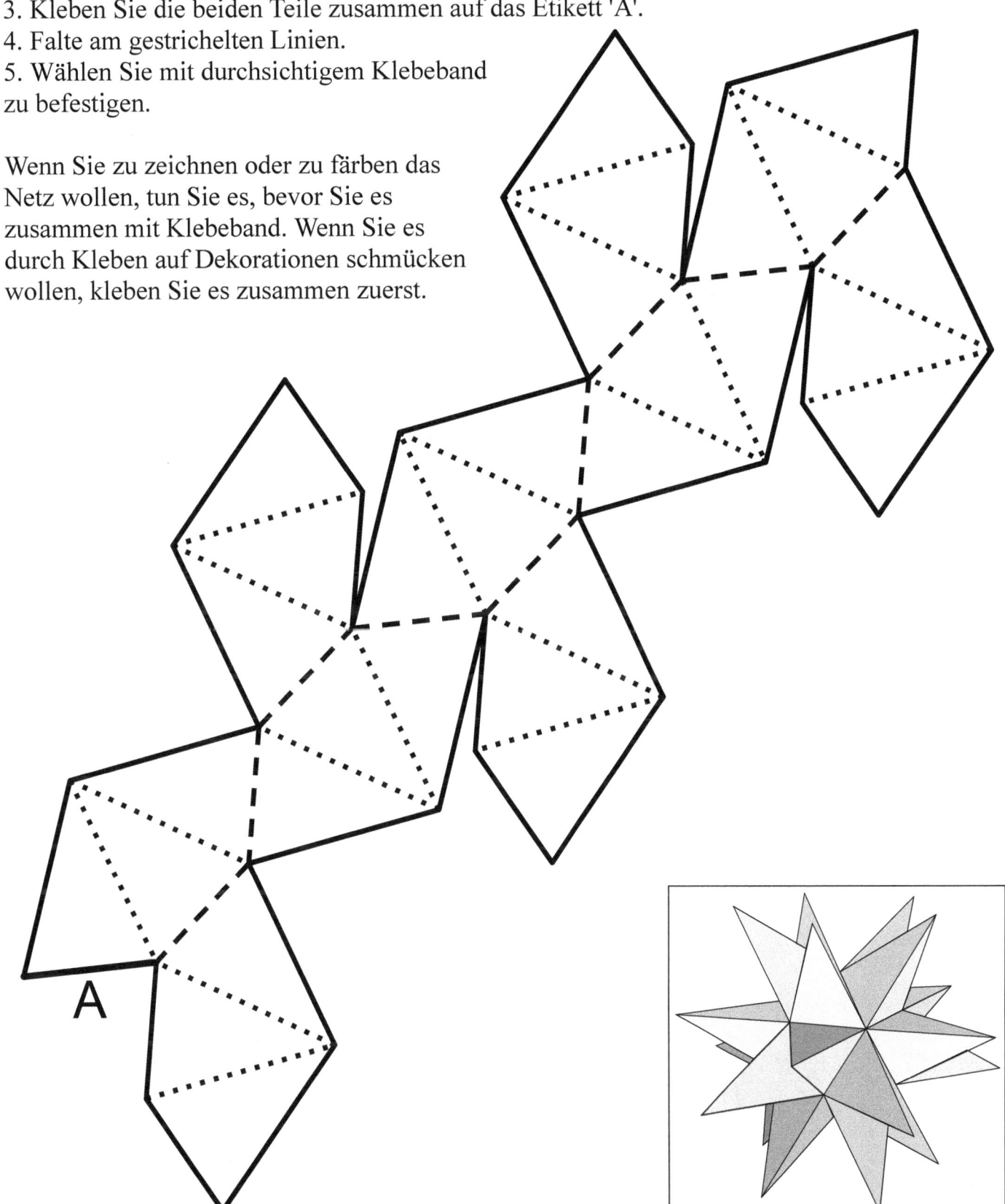

Geometrische Netze - Projektbuch von

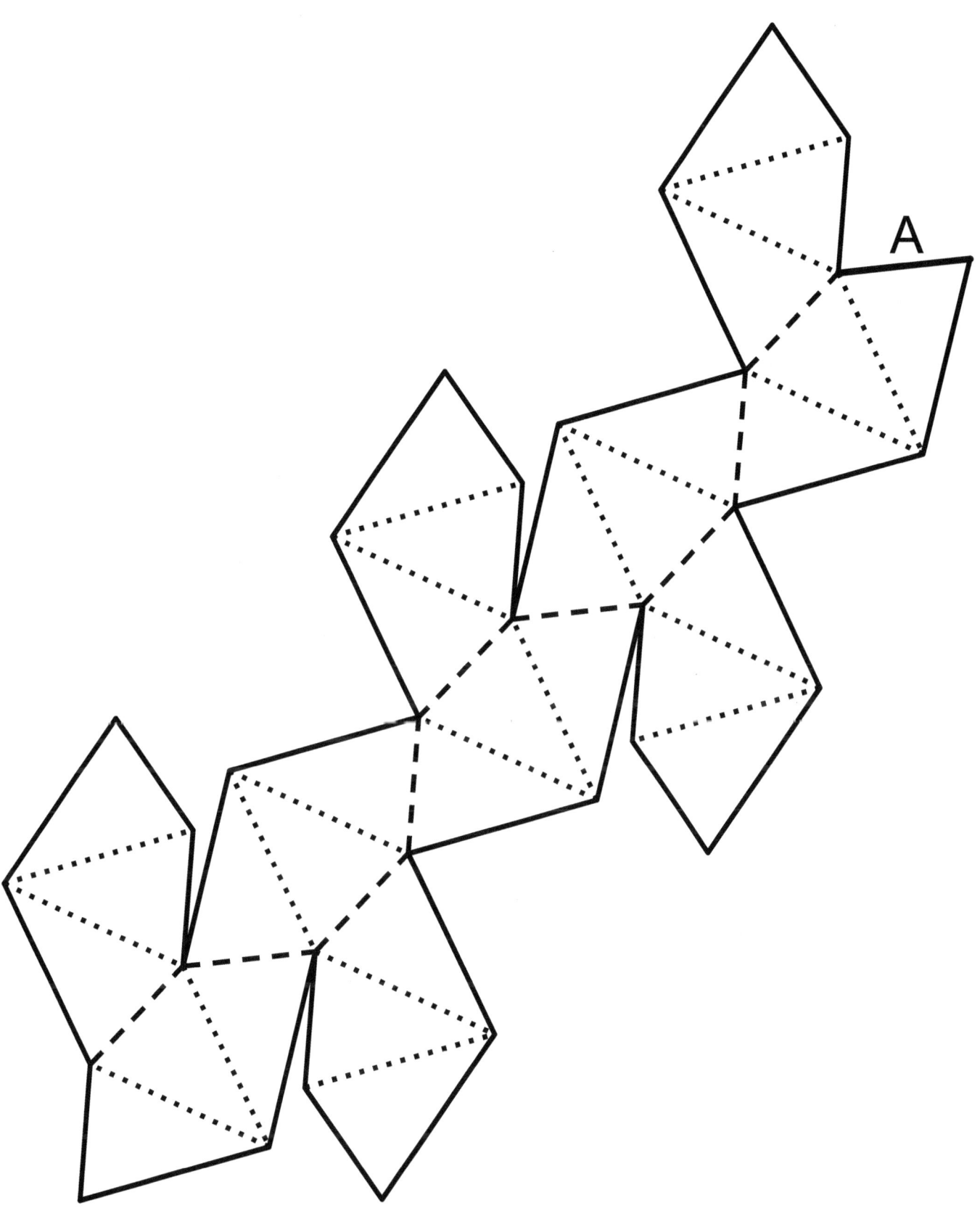

Verdreht Verlängerte Fünfeckpyramide

1. Entlang der durchgezogenen Linien ausschneiden.
2. Falten auf punktiert.
3. Wählen Sie mit durchsichtigem Klebeband zu befestigen.

Wenn Sie zu zeichnen oder zu färben das Netz wollen, tun Sie es, bevor Sie es zusammen mit Klebeband. Wenn Sie es durch Kleben auf Dekorationen schmücken wollen, kleben Sie es zusammen zuerst.

Geometrische Netze - Projektbuch von

Urheberrecht 2015 darf für den gelegentlichen, nichtkommerziellen Bildungs nur Gebrauch kopiert werden. Siehe Copyright-Hinweis für weitere Informationen.

Verdreht Verlängerte Quadratbipyramide

1. Entlang der durchgezogenen Linien ausschneiden.
2. Falten auf punktiert.
3. Wählen Sie mit durchsichtigem Klebeband zu befestigen.

Wenn Sie zu zeichnen oder zu färben das Netz wollen, tun Sie es, bevor Sie es zusammen mit Klebeband. Wenn Sie es durch Kleben auf Dekorationen schmücken wollen, kleben Sie es zusammen zuerst.

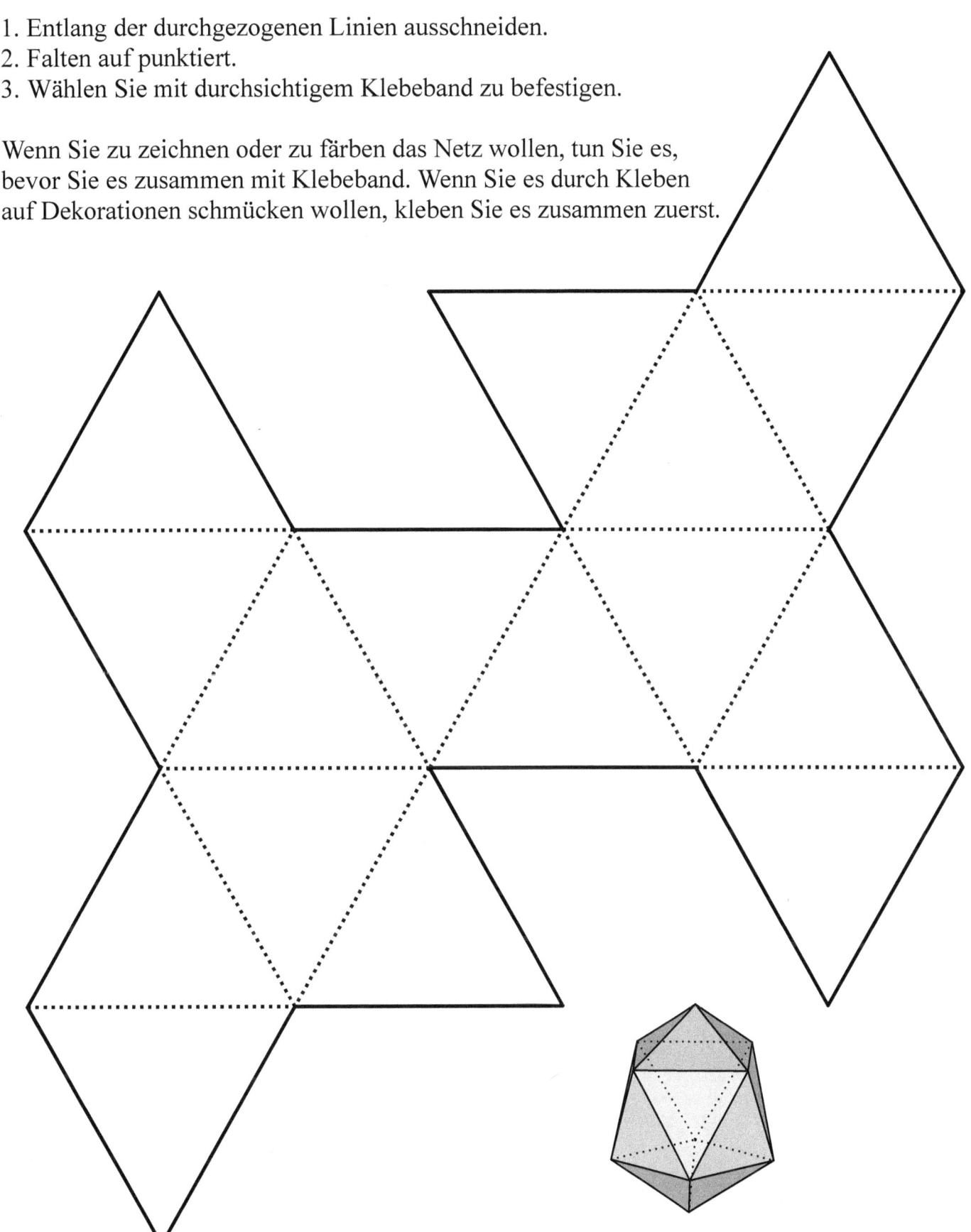

Geometrische Netze - Projektbuch von

Vierseitige Quadratischen Prisma

1. Entlang der durchgezogenen Linien ausschneiden.
2. Falten auf punktiert.
3. Falten rückwärts auf gestrichelte Linien
4. Wählen Sie mit durchsichtigem Klebeband zu befestigen.

Wenn Sie zu zeichnen oder zu färben das Netz wollen, tun Sie es, bevor Sie es zusammen mit Klebeband. Wenn Sie es durch Kleben auf Dekorationen schmücken wollen, kleben Sie es zusammen zuerst.

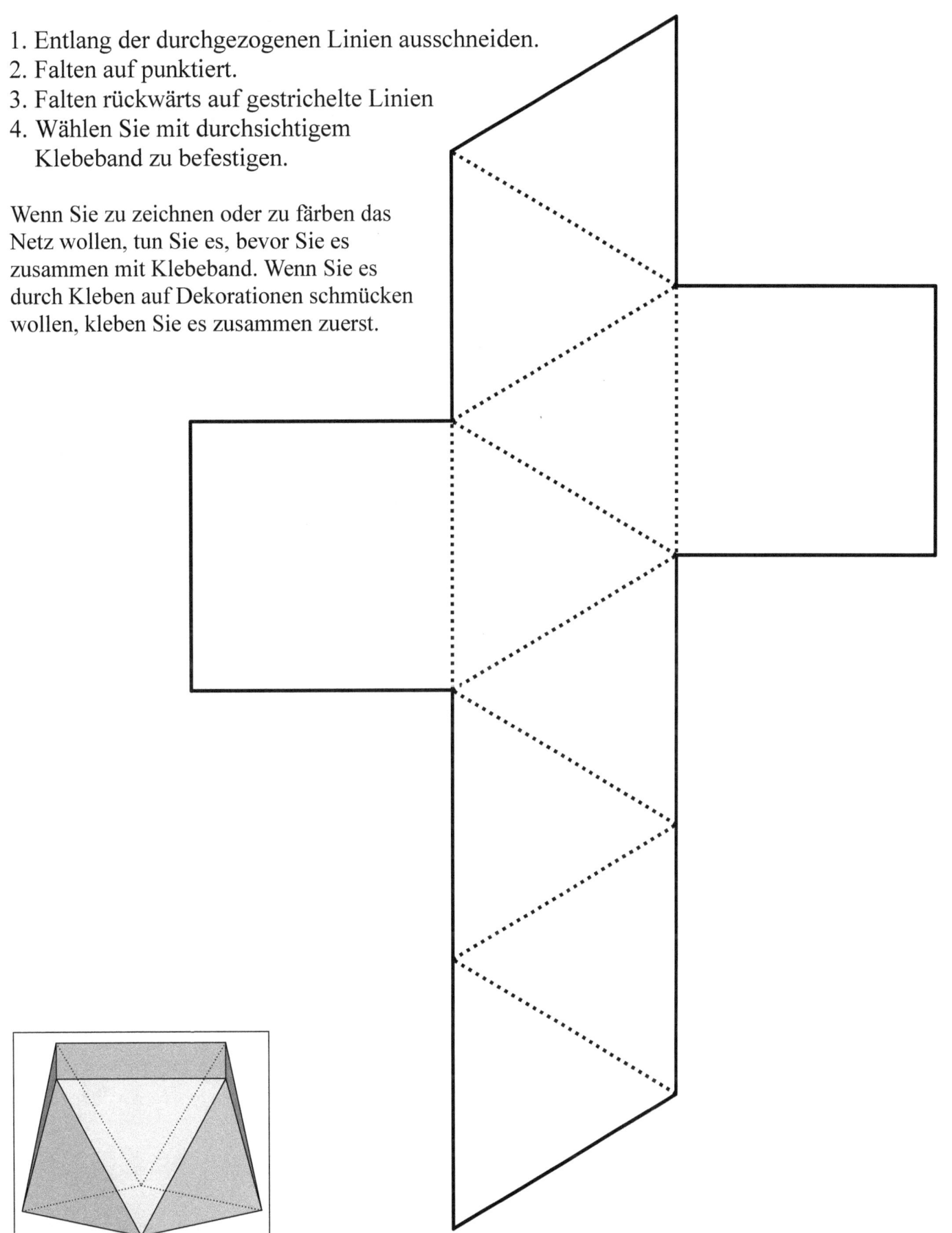

Geometrische Netze - Projektbuch von

Verdreht Verlängerte Quadratpyramide

1. Entlang der durchgezogenen Linien ausschneiden.
2. Falten auf punktiert.
3. Wählen Sie mit durchsichtigem Klebeband zu befestigen.

Wenn Sie zu zeichnen oder zu färben das Netz wollen, tun Sie es, bevor Sie es zusammen mit Klebeband. Wenn Sie es durch Kleben auf Dekorationen schmücken wollen, kleben Sie es zusammen zuerst.

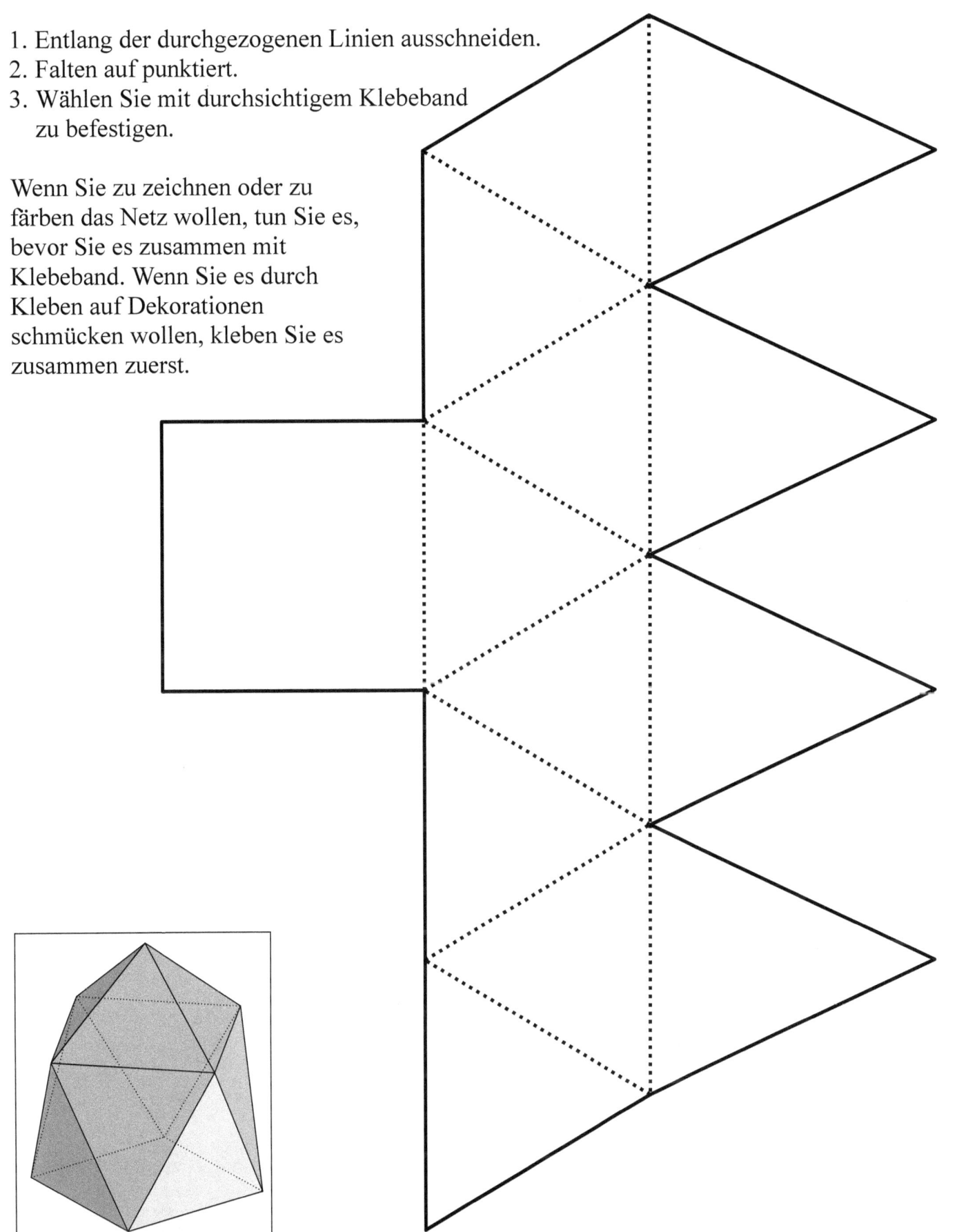

Geometrische Netze - Projektbuch von

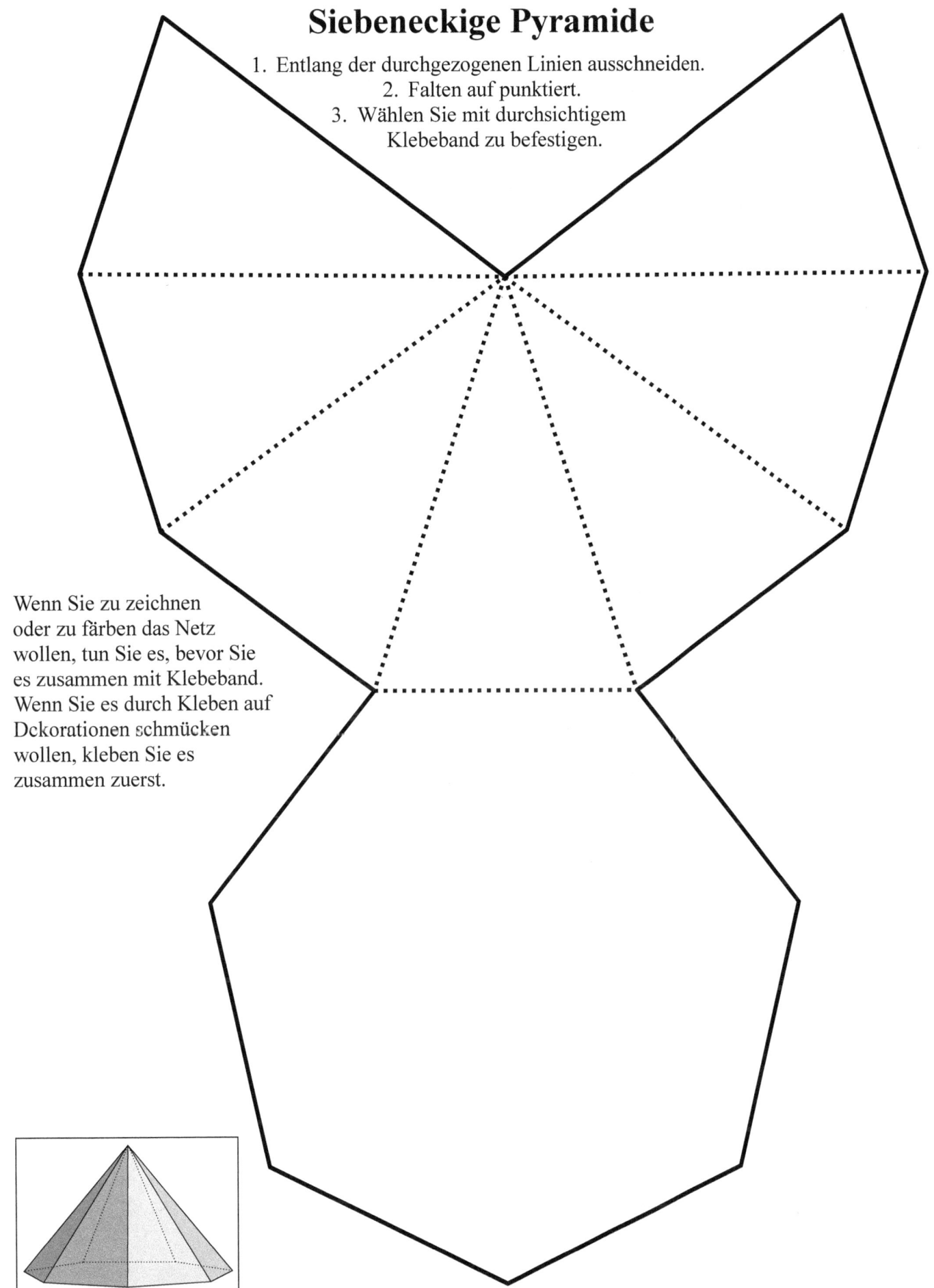

Siebeneckige Pyramide

1. Entlang der durchgezogenen Linien ausschneiden.
2. Falten auf punktiert.
3. Wählen Sie mit durchsichtigem Klebeband zu befestigen.

Wenn Sie zu zeichnen oder zu färben das Netz wollen, tun Sie es, bevor Sie es zusammen mit Klebeband. Wenn Sie es durch Kleben auf Dekorationen schmücken wollen, kleben Sie es zusammen zuerst.

Geometrische Netze - Projektbuch von

Urheberrecht 2015 darf für den gelegentlichen, nichtkommerziellen Bildungs nur Gebrauch kopiert werden. Siehe Copyright-Hinweis für weitere Informationen.

Hepteder 4,4,4,3,3,3,3

1. Entlang der durchgezogenen Linien ausschneiden.
2. Falten auf punktiert.
3. Wählen Sie mit durchsichtigem Klebeband zu befestigen.

Wenn Sie zu zeichnen oder zu färben das Netz wollen, tun Sie es, bevor Sie es zusammen mit Klebeband. Wenn Sie es durch Kleben auf Dekorationen schmücken wollen, kleben Sie es zusammen zuerst.

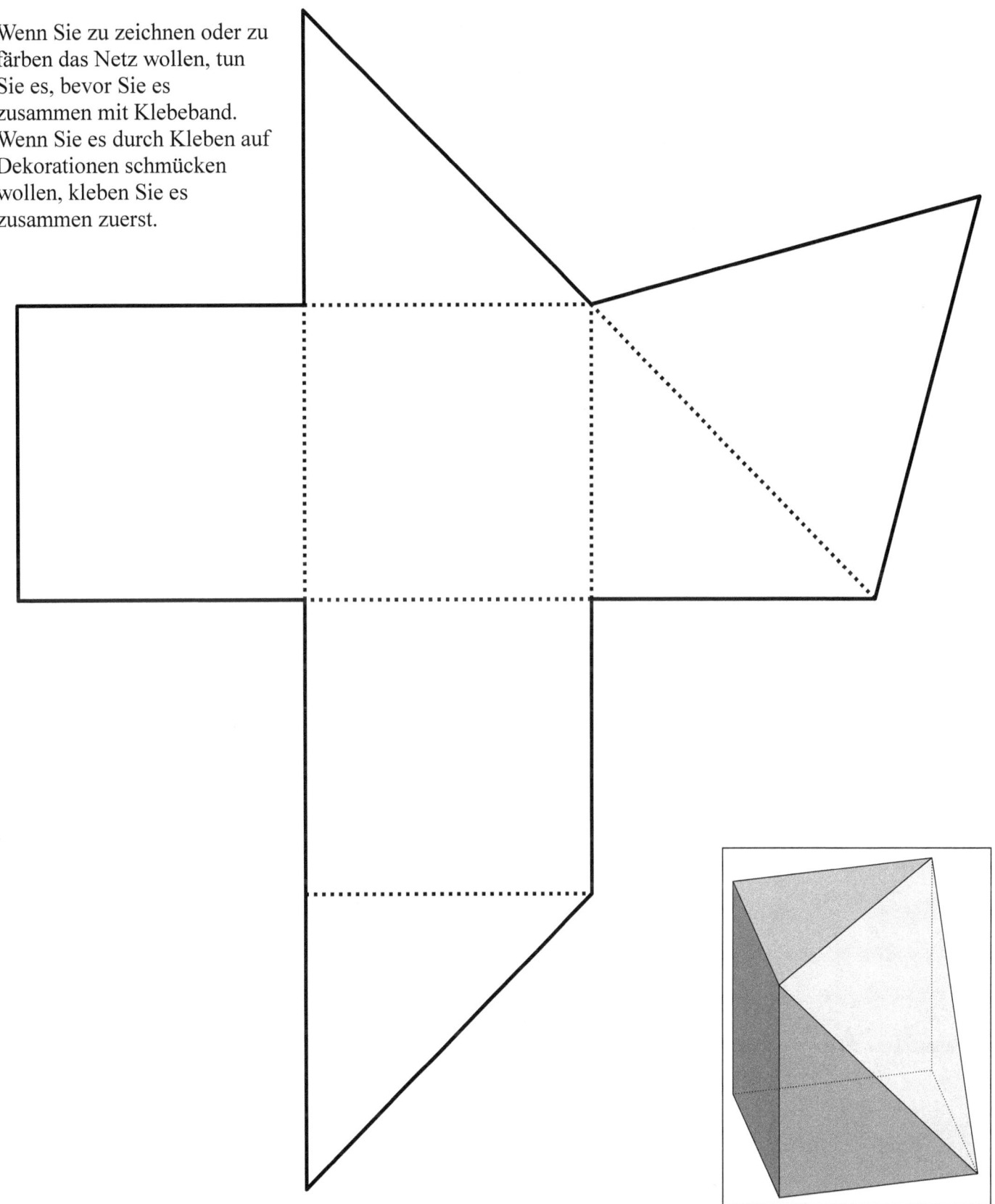

Geometrische Netze - Projektbuch von

Urheberrecht 2015 darf für den gelegentlichen, nichtkommerziellen Bildungs nur Gebrauch kopiert werden. Siehe Copyright-Hinweis für weitere Informationen.

Hepteder 5,5,5,4,4,4,3

1. Entlang der durchgezogenen Linien ausschneiden.
2. Falten auf punktiert.
3. Wählen Sie mit durchsichtigem Klebeband zu befestigen.

Wenn Sie zu zeichnen oder zu färben das Netz wollen, tun Sie es, bevor Sie es zusammen mit Klebeband. Wenn Sie es durch Kleben auf Dekorationen schmücken wollen, kleben Sie es zusammen zuerst.

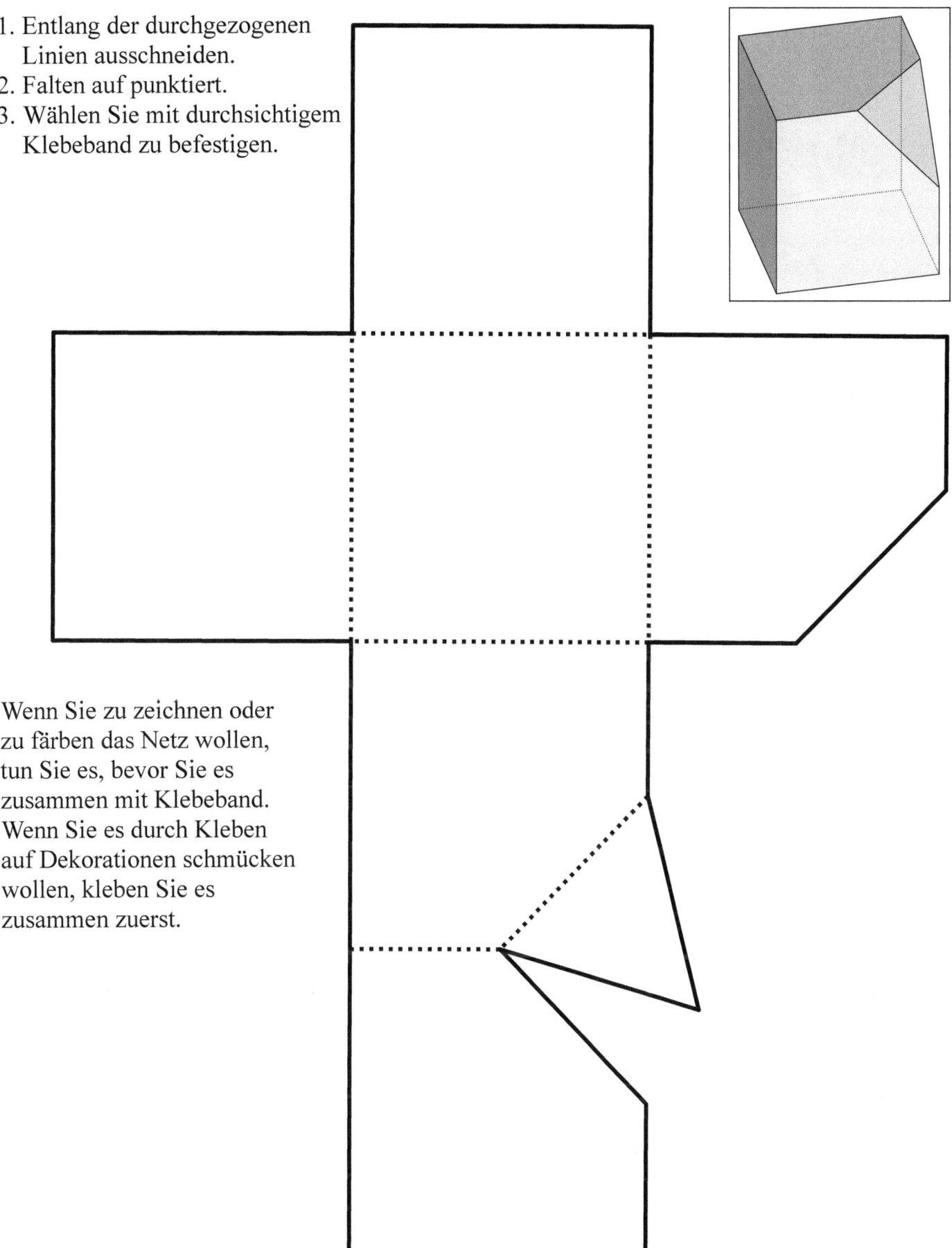

Geometrische Netze - Projektbuch von

Hepteder 5,5,5,4,4,4,3

1. Entlang der durchgezogenen Linien ausschneiden.
2. Falten auf punktiert.
3. Wählen Sie mit durchsichtigem Klebeband zu befestigen.

Wenn Sie zu zeichnen oder zu färben das Netz wollen, tun Sie es, bevor Sie es zusammen mit Klebeband. Wenn Sie es durch Kleben auf Dekorationen schmücken wollen, kleben Sie es zusammen zuerst.

Geometrische Netze - Projektbuch von

Hepteder 6,6,4,4,4,3,3

1. Entlang der durchgezogenen Linien ausschneiden.
2. Falten auf punktiert.
3. Wählen Sie mit durchsichtigem Klebeband zu befestigen.

Wenn Sie zu zeichnen oder zu färben das Netz wollen, tun Sie es, bevor Sie es zusammen mit Klebeband. Wenn Sie es durch Kleben auf Dekorationen chmücken wollen, kleben Sie es zusammen zuerst.

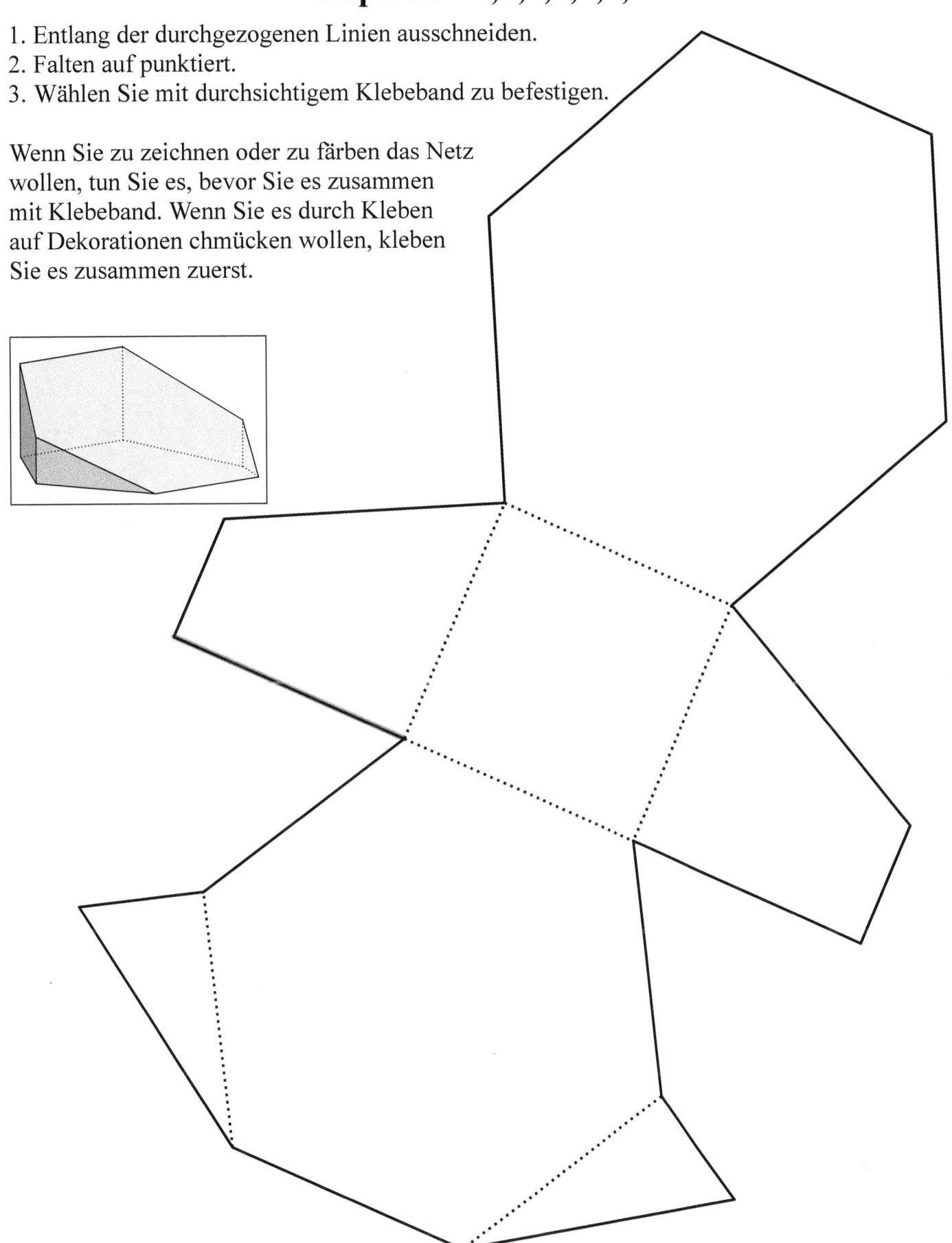

Geometrische Netze - Projektbuch von

Urheberrecht 2015 darf für den gelegentlichen, nichtkommerziellen Bildungs nur Gebrauch kopiert werden. Siehe Copyright-Hinweis für weitere Informationen.

Sechseckprisma

1. Entlang der durchgezogenen Linien ausschneiden.
2. Falten auf punktiert.
3. Wählen Sie mit durchsichtigem Klebeband zu befestigen.

Wenn Sie zu zeichnen oder zu färben das Netz wollen, tun Sie es, bevor Sie es zusammen mit Klebeband. Wenn Sie es durch Kleben auf Dekorationen schmücken wollen, kleben Sie es zusammen zuerst.

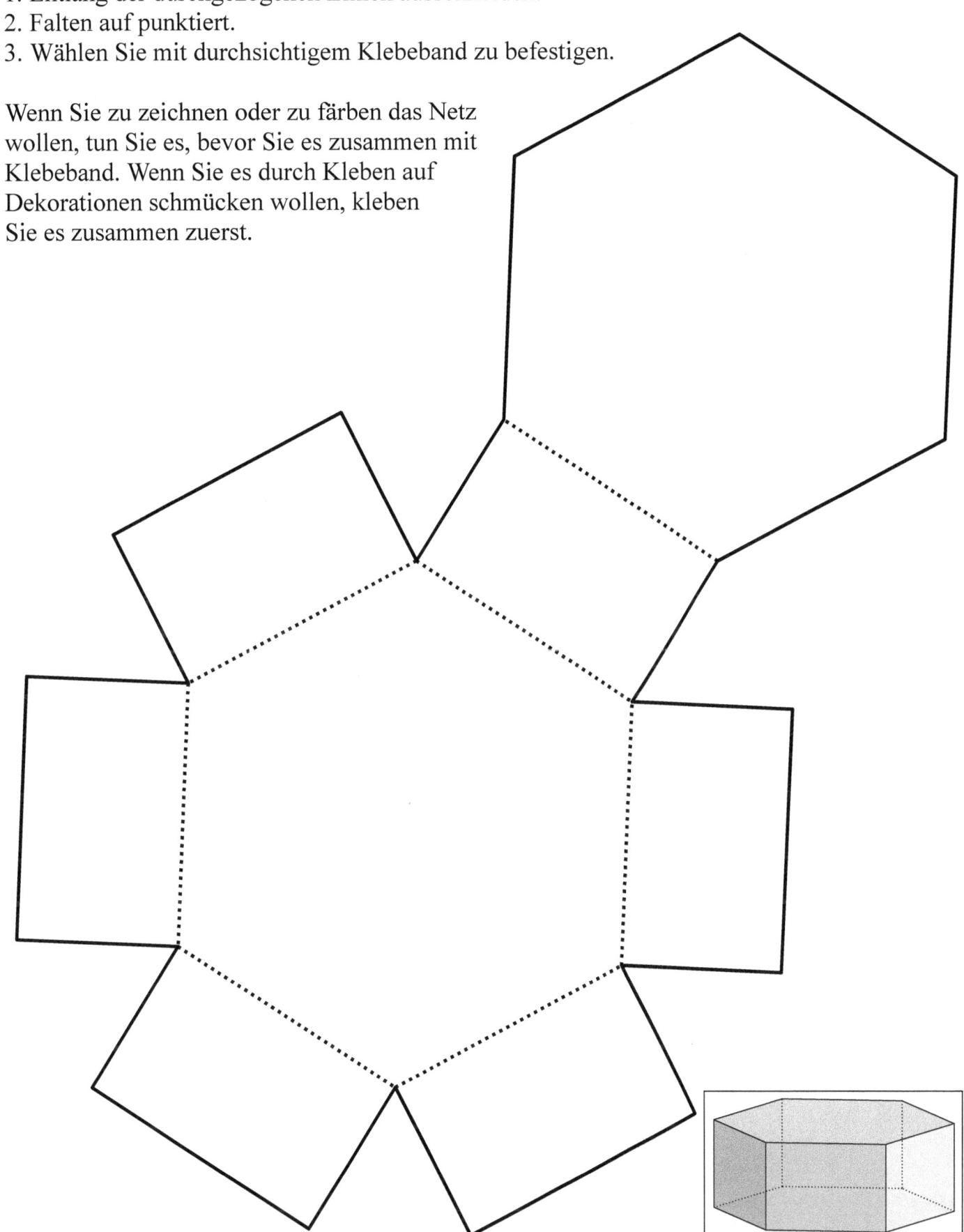

Geometrische Netze - Projektbuch von

Sechseckigen Pyramide

1. Entlang der durchgezogenen Linien ausschneiden.
2. Falten auf punktiert.
3. Wählen Sie mit durchsichtigem Klebeband zu befestigen.

Wenn Sie zu zeichnen oder zu färben das Netz wollen, tun Sie es, bevor Sie es zusammen mit Klebeband. Wenn Sie es durch Kleben auf Dekorationen schmücken wollen, kleben Sie es zusammen zuerst.

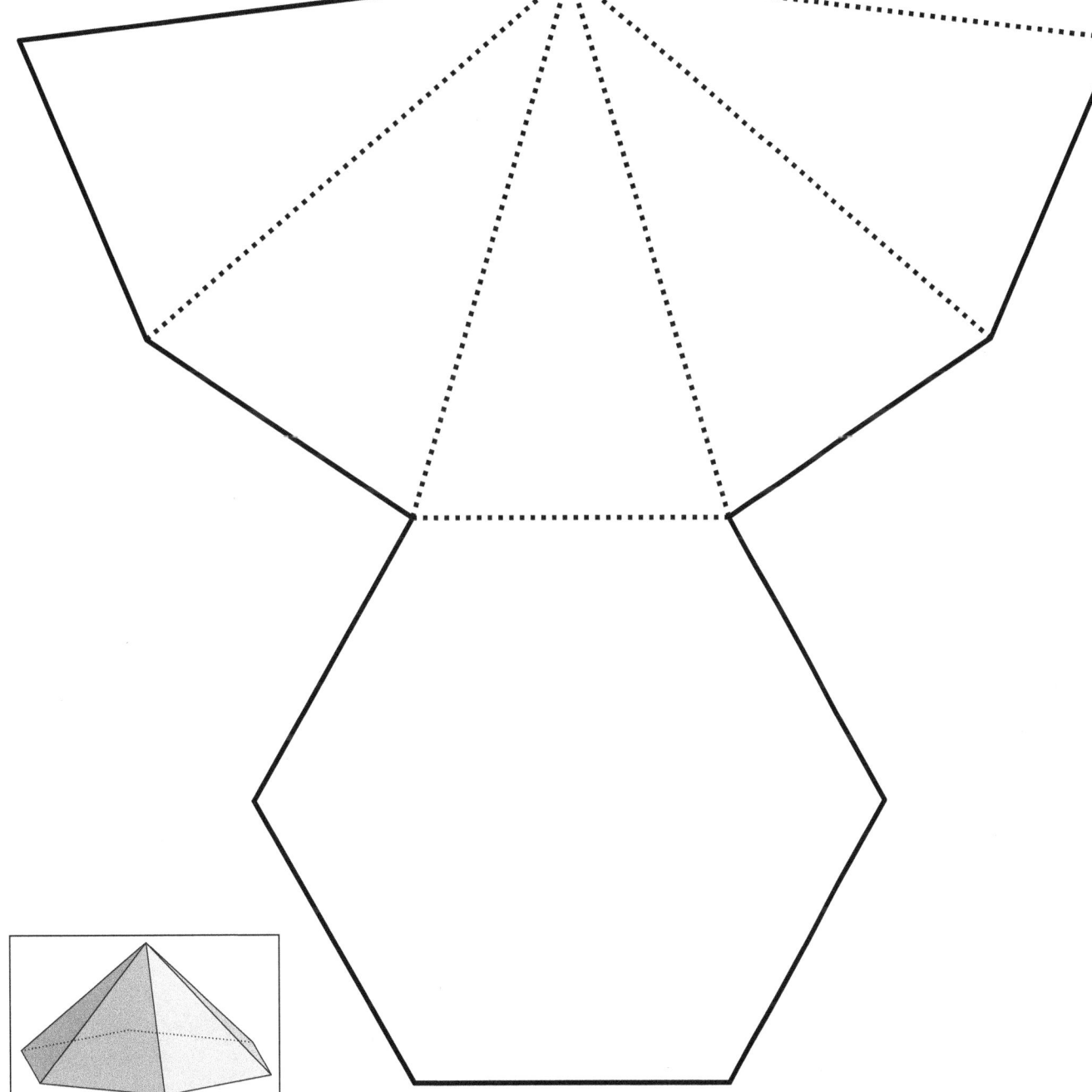

Geometrische Netze - Projektbuch von

Hexaeder 4,4,4,4,3,3

1. Entlang der durchgezogenen Linien ausschneiden.
2. Falten auf punktiert.
3. Wählen Sie mit durchsichtigem Klebeband zu befestigen.

Wenn Sie zu zeichnen oder zu färben das Netz wollen, tun Sie es, bevor Sie es zusammen mit Klebeband. Wenn Sie es durch Kleben auf Dekorationen schmücken wollen, kleben Sie es zusammen zuerst.

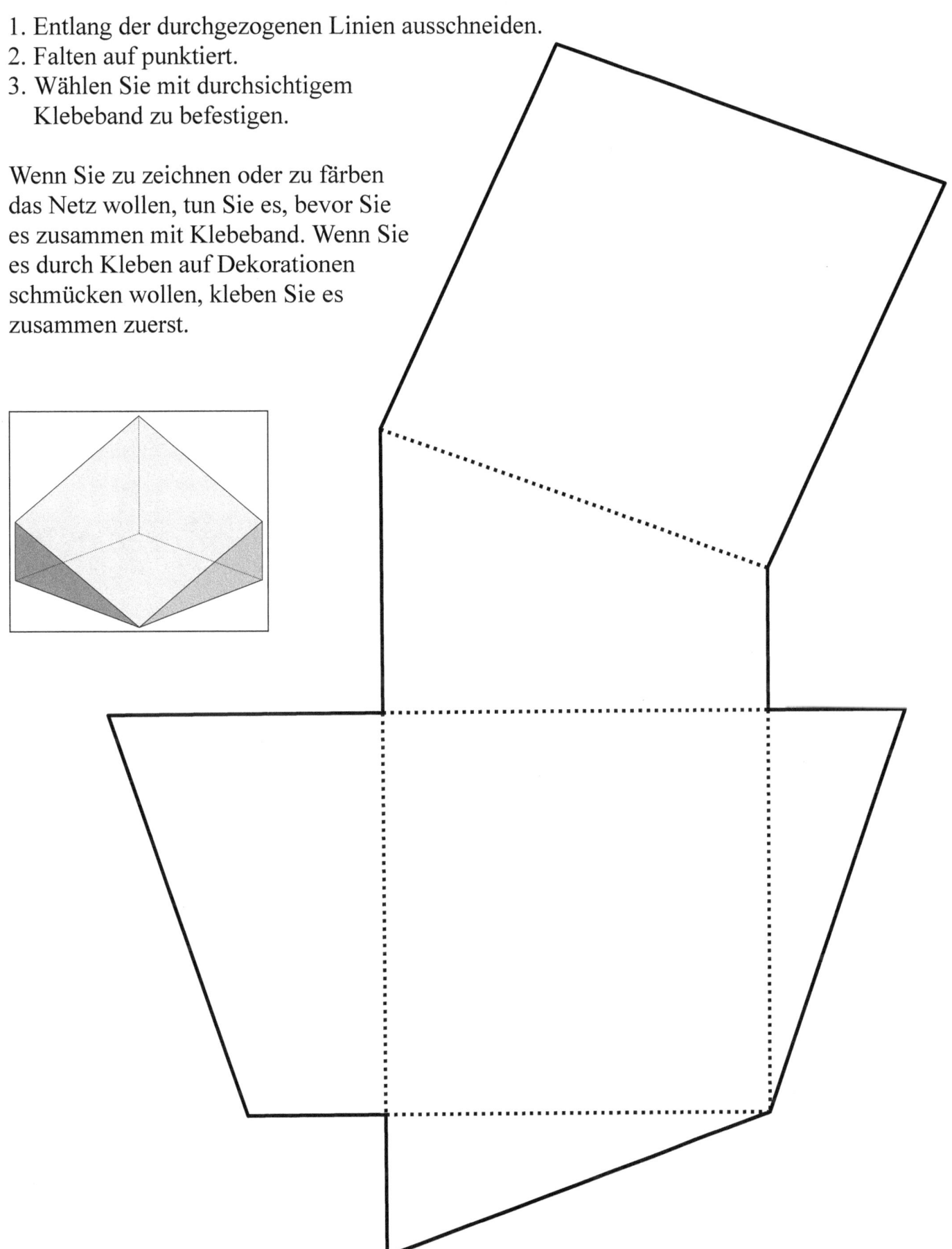

Geometrische Netze - Projektbuch von

Hexaeder 5,4,4,3,3,3

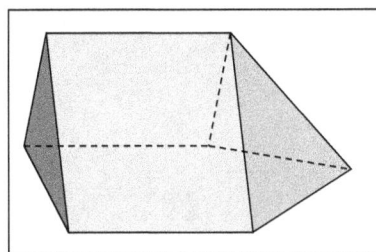

1. Entlang der durchgezogenen Linien ausschneiden.
2. Falten auf punktiert.
3. Wählen Sie mit durchsichtigem Klebeband zu befestigen.

Wenn Sie zu zeichnen oder zu färben das Netz wollen, tun Sie es, bevor Sie es zusammen mit Klebeband. Wenn Sie es durch Kleben auf Dekorationen schmücken wollen, kleben Sie es zusammen zuerst.

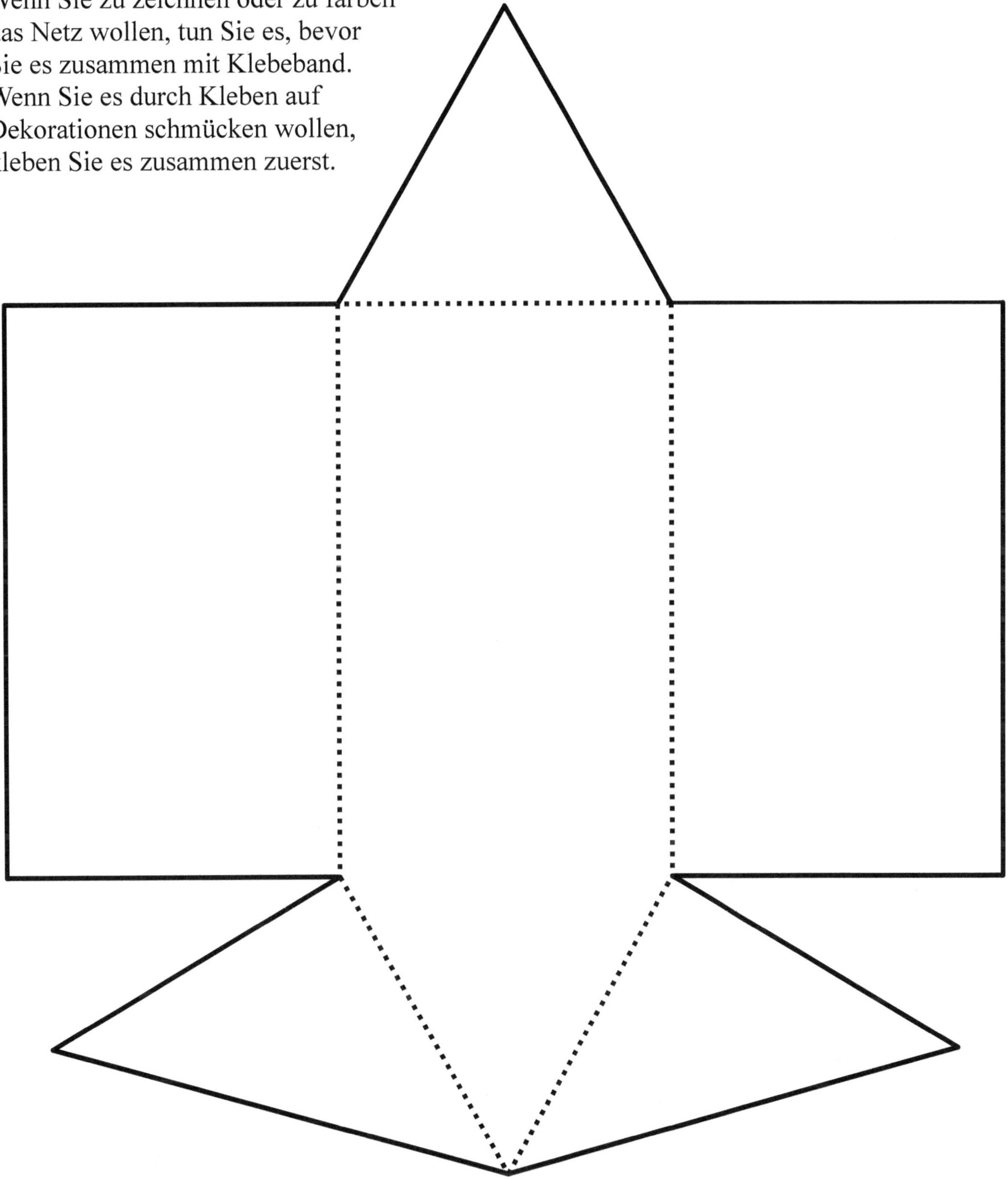

Geometrische Netze - Projektbuch von

Urheberrecht 2015 darf für den gelegentlichen, nichtkommerziellen Bildungs nur Gebrauch kopiert werden. Siehe Copyright-Hinweis für weitere Informationen.

Hexaeder 5,5,4,4,3,3

1. Entlang der durchgezogenen Linien ausschneiden.
2. Falten auf punktiert.
3. Wählen Sie mit durchsichtigem Klebeband zu befestigen.

Wenn Sie zu zeichnen oder zu färben das Netz wollen, tun Sie es, bevor Sie es zusammen mit Klebeband. Wenn Sie es durch Kleben auf Dekorationen schmücken wollen, kleben Sie es zusammen zuerst.

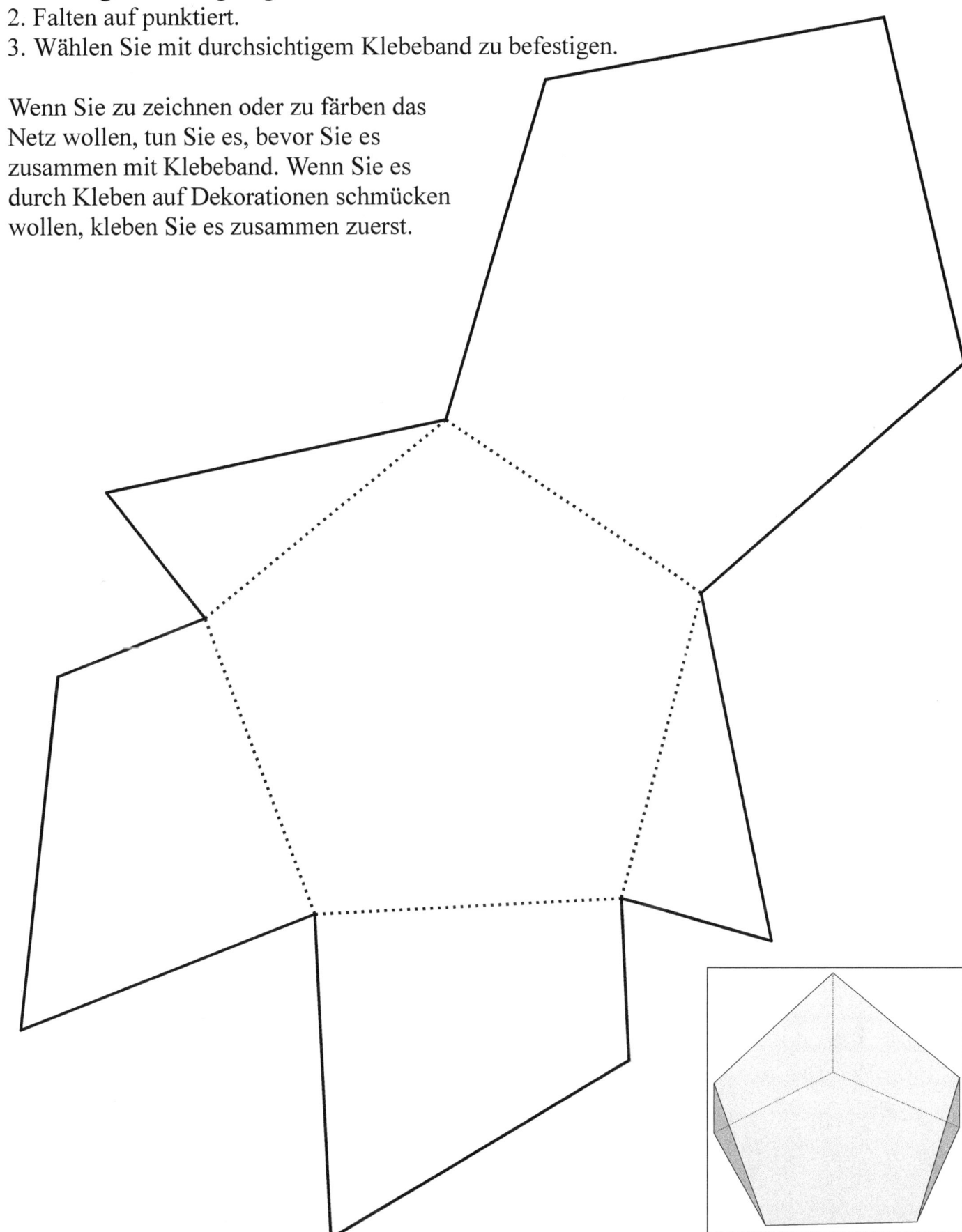

Geometrische Netze - Projektbuch von

Regelmäßiges Ikosaeder

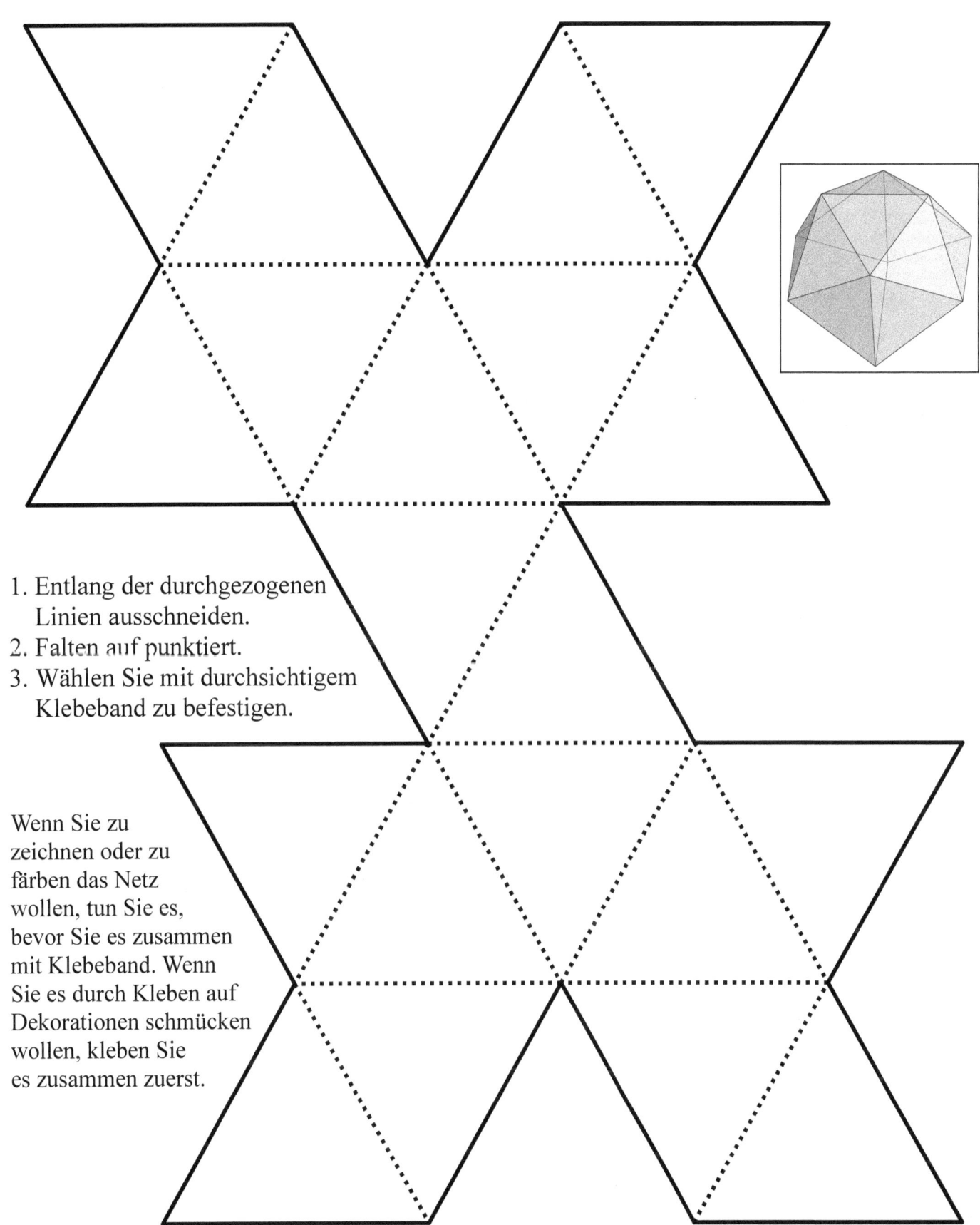

1. Entlang der durchgezogenen Linien ausschneiden.
2. Falten auf punktiert.
3. Wählen Sie mit durchsichtigem Klebeband zu befestigen.

Wenn Sie zu zeichnen oder zu färben das Netz wollen, tun Sie es, bevor Sie es zusammen mit Klebeband. Wenn Sie es durch Kleben auf Dekorationen schmücken wollen, kleben Sie es zusammen zuerst.

Geometrische Netze - Projektbuch von

Ikosidodekaeder

1. Entlang der durchgezogenen Linien ausschneiden.
2. Falten auf punktiert.
3. Wählen Sie mit durchsichtigem Klebeband zu befestigen.

Wenn Sie zu zeichnen oder zu färben das Netz wollen, tun Sie es, bevor Sie es zusammen mit Klebeband. Wenn Sie es durch Kleben auf Dekorationen schmücken wollen, kleben Sie es zusammen zuerst.

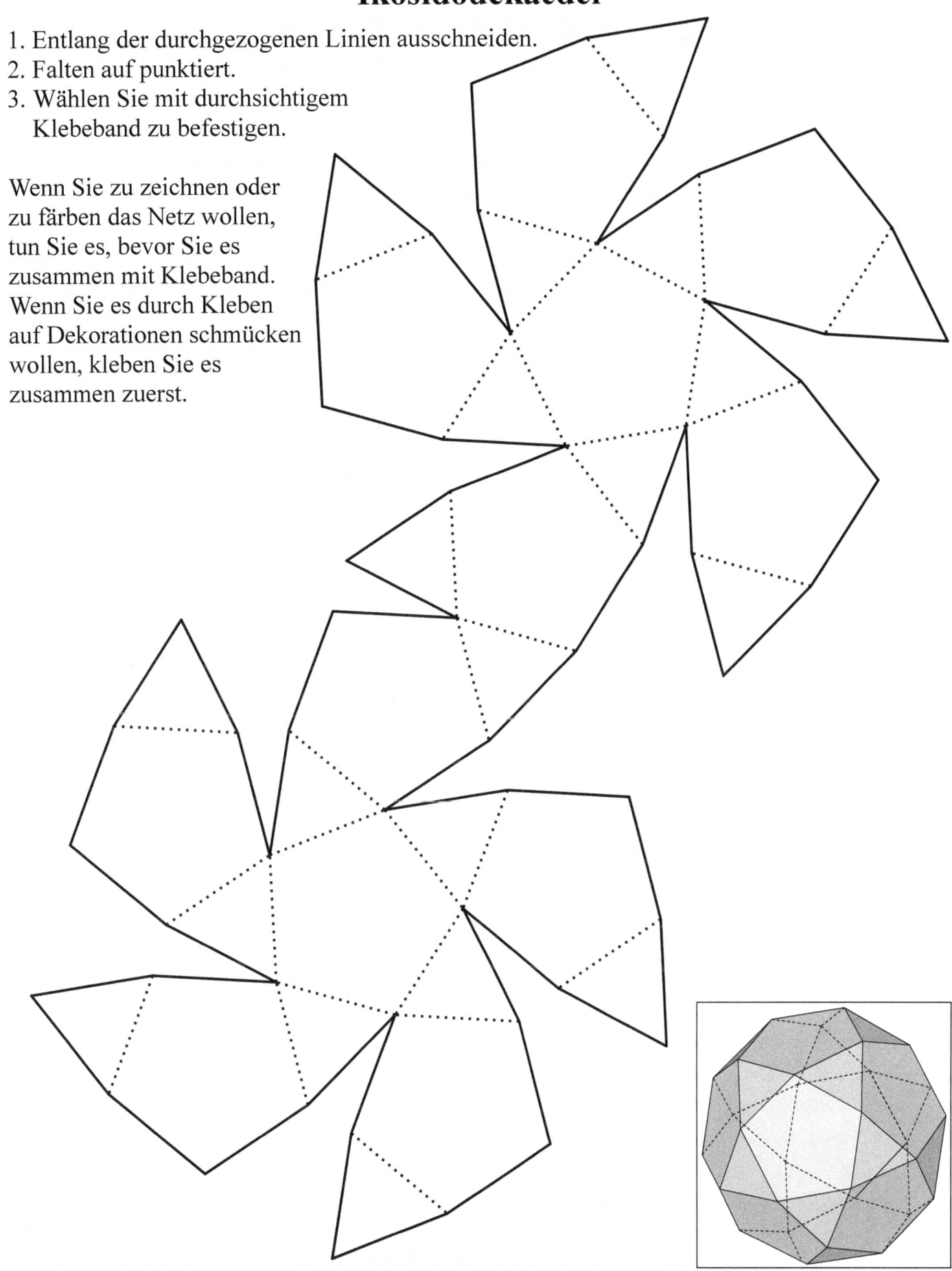

Geometrische Netze - Projektbuch von

Schiefe Quadratischen Pyramide

1. Entlang der durchgezogenen Linien ausschneiden.
2. Falten auf punktiert.
3. Wählen Sie mit durchsichtigem Klebeband zu befestigen.

Wenn Sie zu zeichnen oder zu färben das Netz wollen, tun Sie es, bevor Sie es zusammen mit Klebeband. Wenn Sie es durch Kleben auf Dekorationen schmücken wollen, kleben Sie es zusammen zuerst.

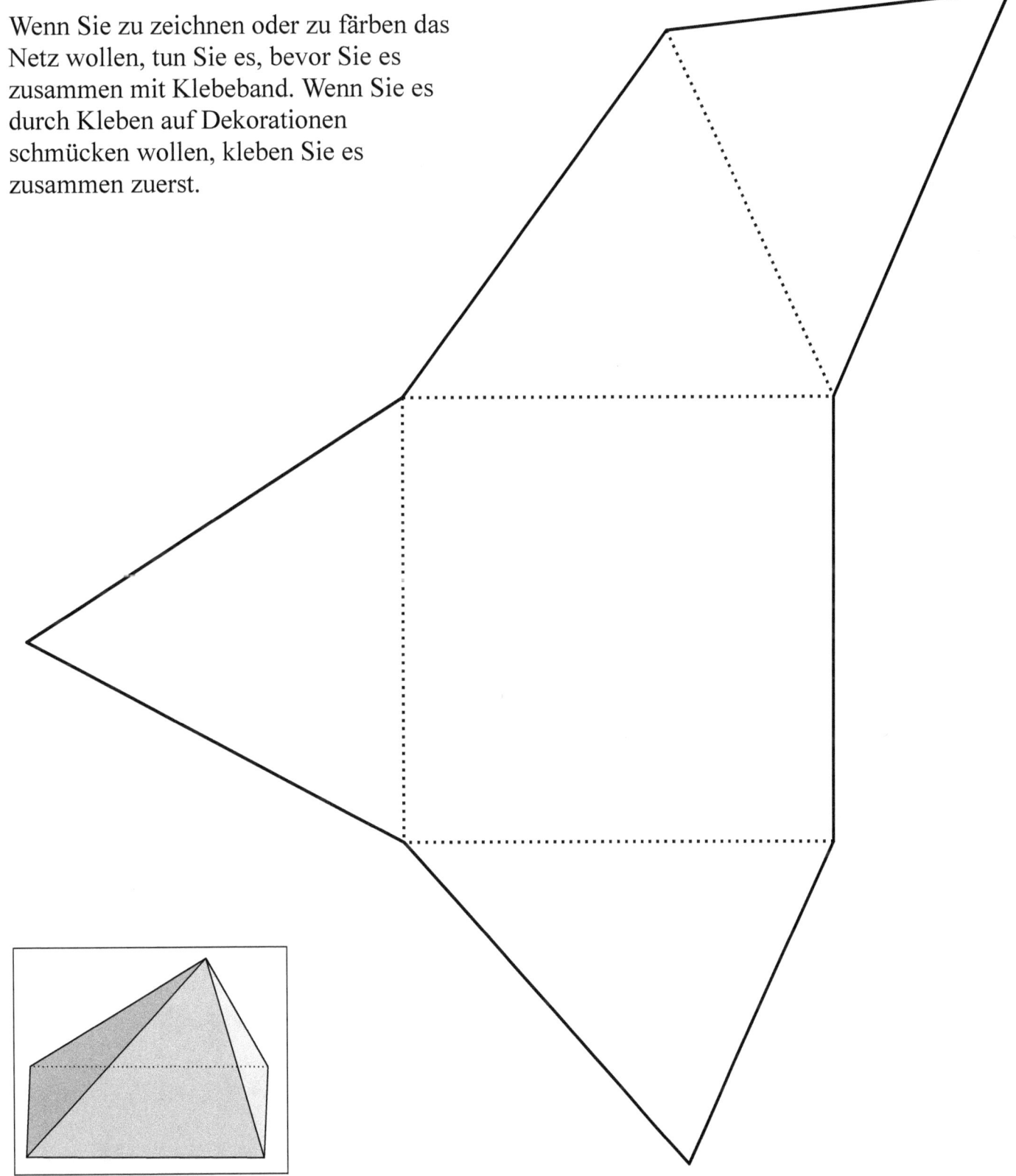

Geometrische Netze - Projektbuch von

Oktagonal Antiprisma

1. Entlang der durchgezogenen Linien ausschneiden.
2. Falten auf punktiert.
3. Wählen Sie mit durchsichtigem Klebeband zu befestigen.

Wenn Sie zu zeichnen oder zu färben das Netz wollen, tun Sie es, bevor Sie es zusammen mit Klebeband. Wenn Sie es durch Kleben auf Dekorationen schmücken wollen, kleben Sie es zusammen zuerst.

Geometrische Netze - Projektbuch von

Urheberrecht 2015 darf für den gelegentlichen, nichtkommerziellen Bildungs nur Gebrauch kopiert werden. Siehe Copyright-Hinweis für weitere Informationen.

Regelmäßiges Oktaeder

Diese Polyeder kann auch ein Quadrat Bipyramide aufgerufen werden.

1. Entlang der durchgezogenen Linien ausschneiden.
2. Falten auf punktiert.
3. Wählen Sie mit durchsichtigem Klebeband zu befestigen.

Wenn Sie zu zeichnen oder zu färben das Netz wollen, tun Sie es, bevor Sie es zusammen mit Klebeband. Wenn Sie es durch Kleben auf Dekorationen schmücken wollen, kleben Sie es zusammen zuerst.

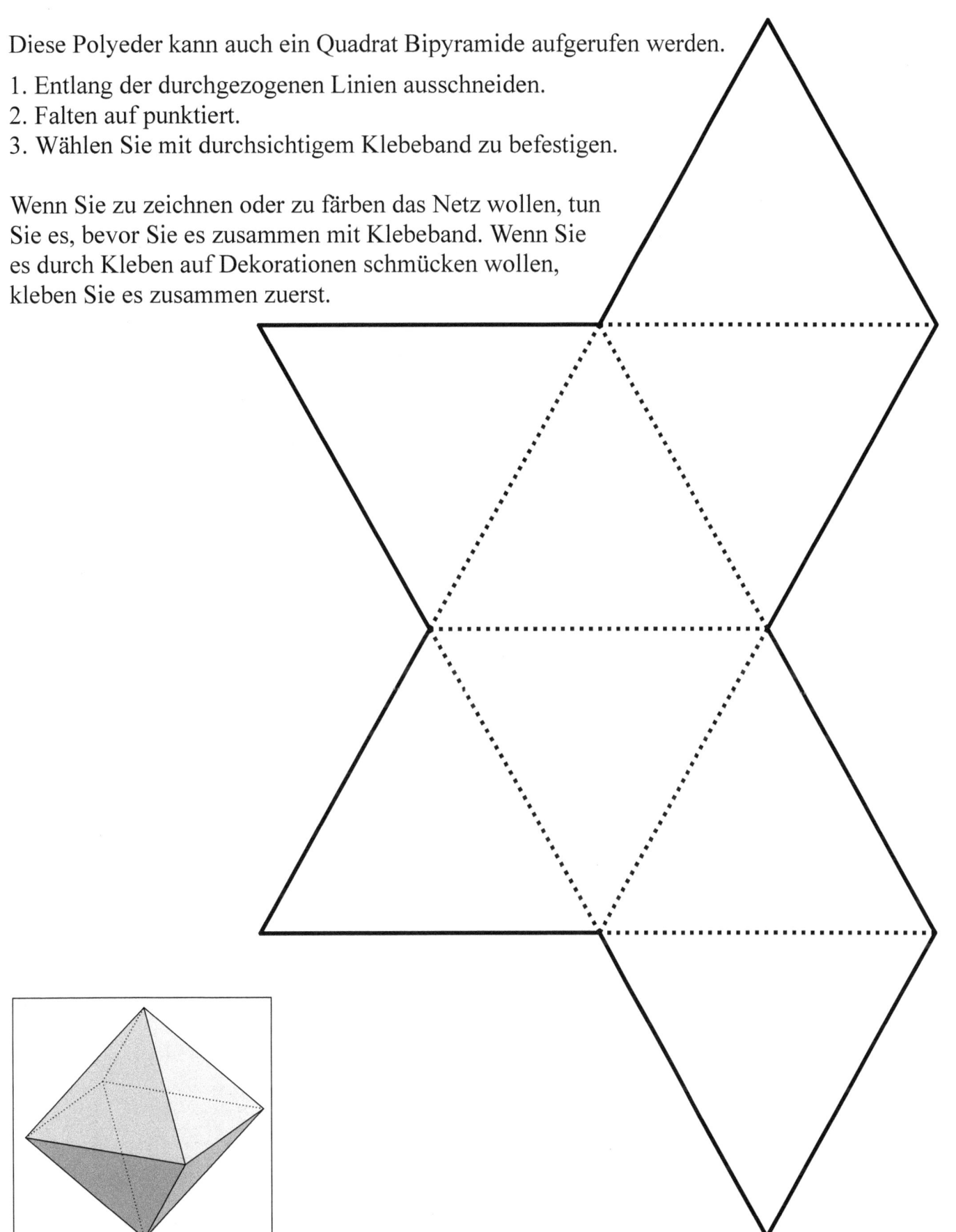

Geometrische Netze - Projektbuch von

Fünfeckigen Antiprisma

1. Entlang der durchgezogenen Linien ausschneiden.
2. Falten auf punktiert.
3. Wählen Sie mit durchsichtigem Klebeband zu befestigen.

Wenn Sie zu zeichnen oder zu färben das Netz wollen, tun Sie es, bevor Sie es zusammen mit Klebeband. Wenn Sie es durch Kleben auf Dekorationen schmücken wollen, kleben Sie es zusammen zuerst.

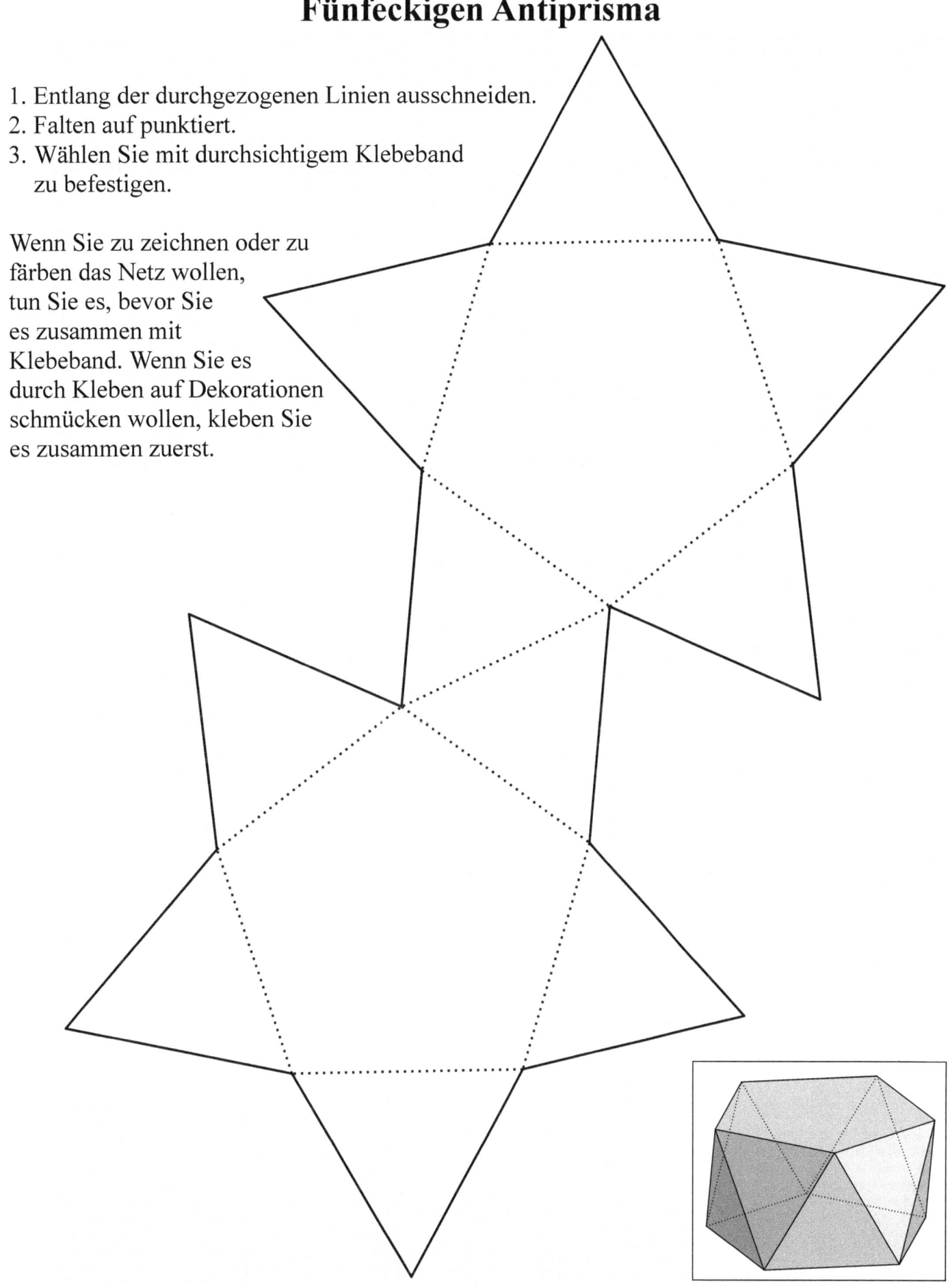

Geometrische Netze - Projektbuch von

Fünfeckskuppel

1. Entlang der durchgezogenen Linien ausschneiden.
2. Falten auf punktiert.
3. Wählen Sie mit durchsichtigem Klebeband zu befestigen.

Wenn Sie zu zeichnen oder zu färben das Netz wollen, tun Sie es, bevor Sie es zusammen mit Klebeband. Wenn Sie es durch Kleben auf Dekorationen schmücken wollen, kleben Sie es zusammen zuerst.

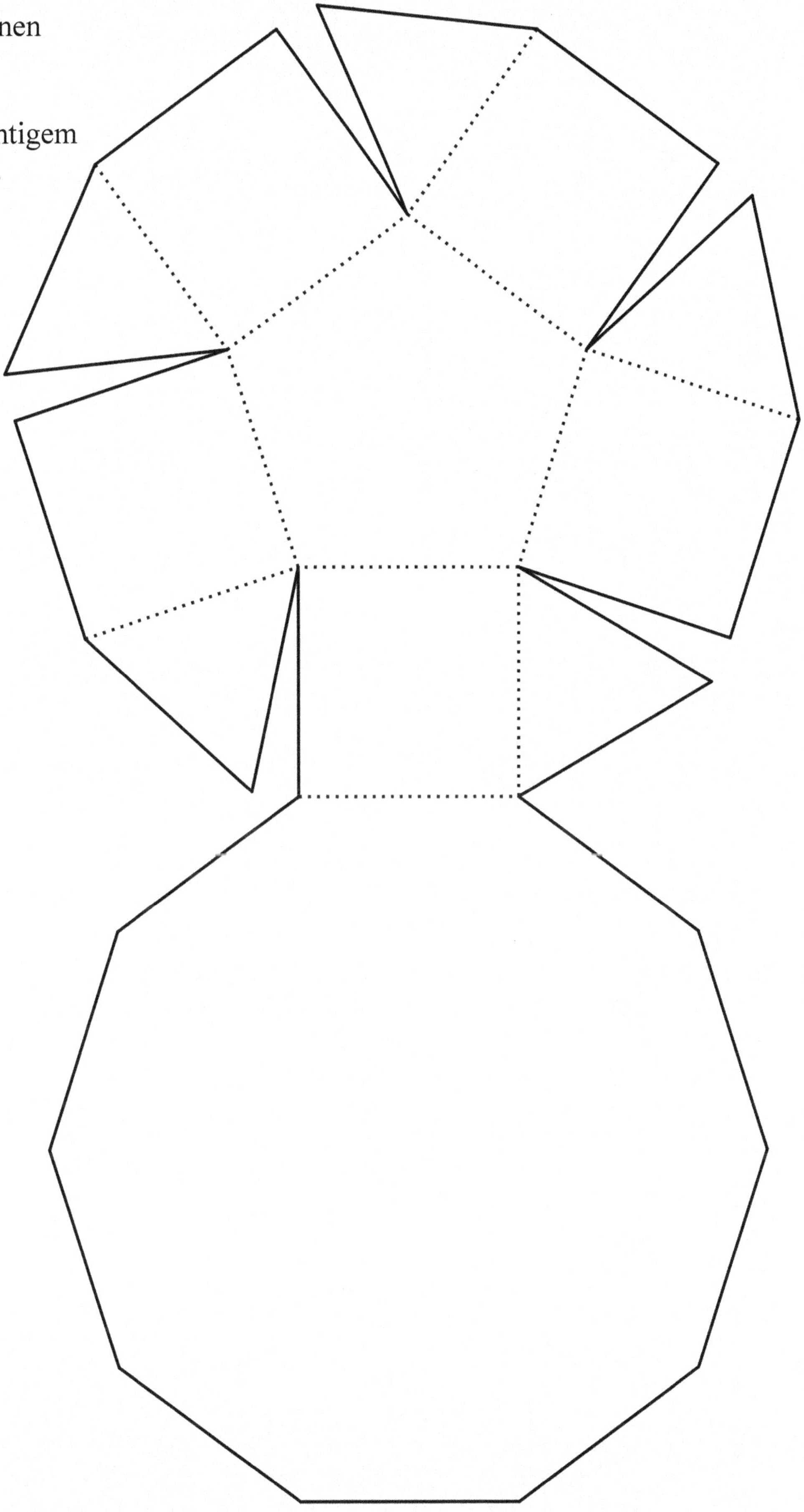

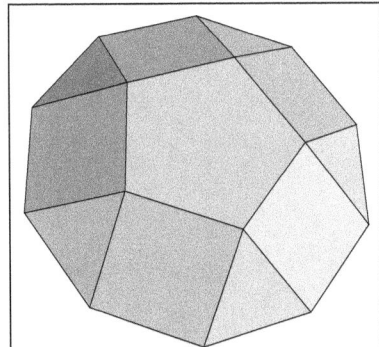

Geometrische Netze - Projektbuch von

Fünfecksbipyramide

1. Entlang der durchgezogenen Linien ausschneiden.
2. Falten auf punktiert.
3. Wählen Sie mit durchsichtigem Klebeband zu befestigen.

Wenn Sie zu zeichnen oder zu färben das Netz wollen, tun Sie es, bevor Sie es zusammen mit Klebeband. Wenn Sie es durch Kleben auf Dekorationen schmücken wollen, kleben Sie es zusammen zuerst.

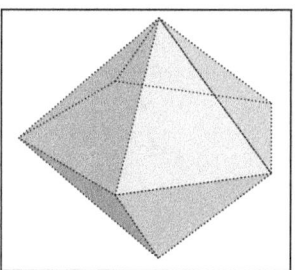

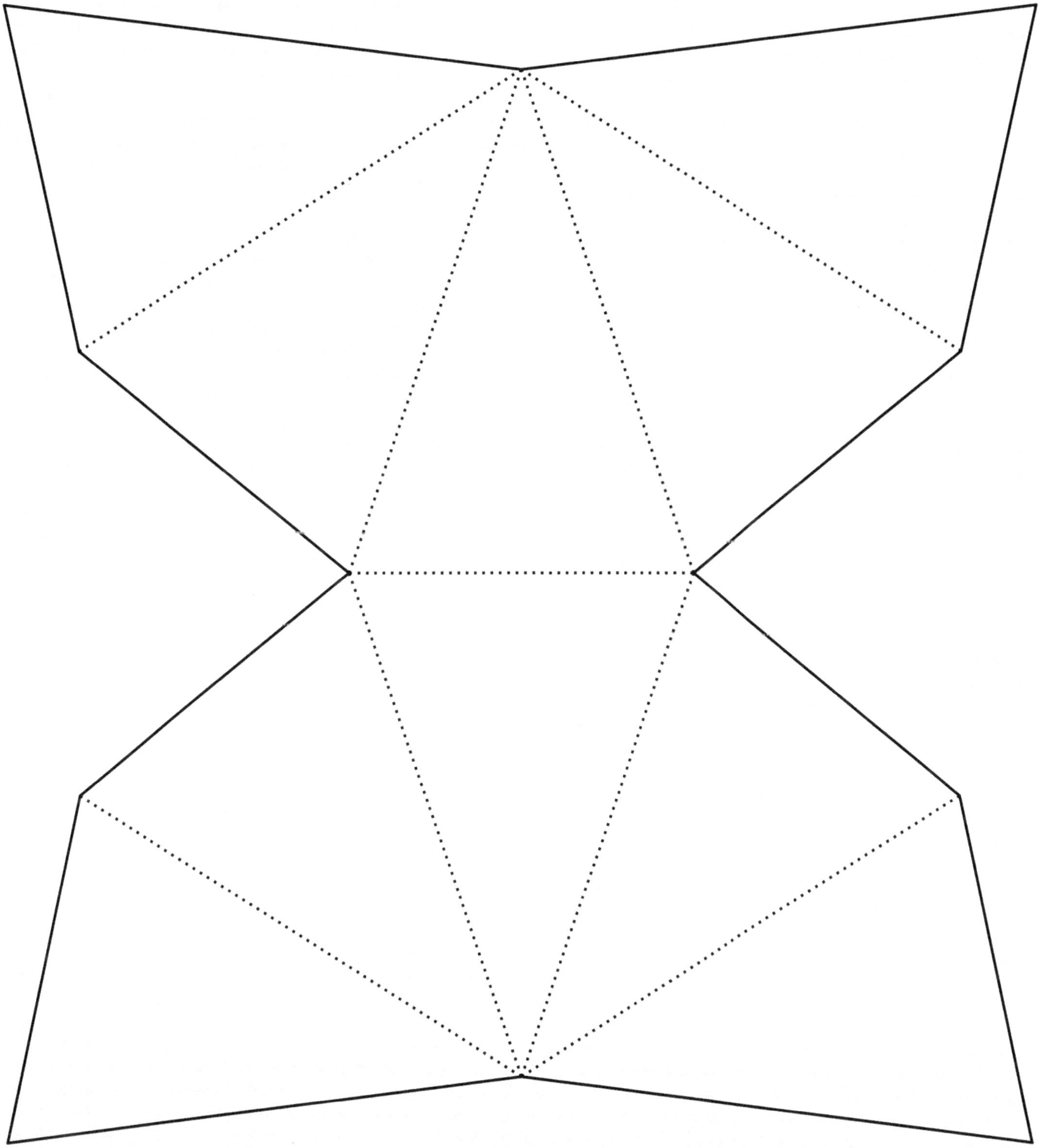

Geometrische Netze - Projektbuch von

Fünfecksprisma

1. Entlang der durchgezogenen Linien ausschneiden.
2. Falten auf punktiert.
3. Wählen Sie mit durchsichtigem Klebeband zu befestigen.

Wenn Sie zu zeichnen oder zu färben das Netz wollen, tun Sie es, bevor Sie es zusammen mit Klebeband. Wenn Sie es durch Kleben auf Dekorationen schmücken wollen, kleben Sie es zusammen zuerst.

Geometrische Netze - Projektbuch von

Fünfeckigen Pyramide

1. Entlang der durchgezogenen Linien ausschneiden.
2. Falten auf punktiert.
3. Wählen Sie mit durchsichtigem Klebeband zu befestigen.

Wenn Sie zu zeichnen oder zu färben das Netz wollen, tun Sie es, bevor Sie es zusammen mit Klebeband. Wenn Sie es durch Kleben auf Dekorationen schmücken wollen, kleben Sie es zusammen zuerst.

Geometrische Netze - Projektbuch von

Fünfecksrotunde

1. Entlang der durchgezogenen Linien ausschneiden.
2. Falten auf punktiert.
3. Wählen Sie mit durchsichtigem Klebeband zu befestigen.

Wenn Sie zu zeichnen oder zu färben das Netz wollen, tun Sie es, bevor Sie es zusammen mit Klebeband. Wenn Sie es durch Kleben auf Dekorationen schmücken wollen, kleben Sie es zusammen zuerst.

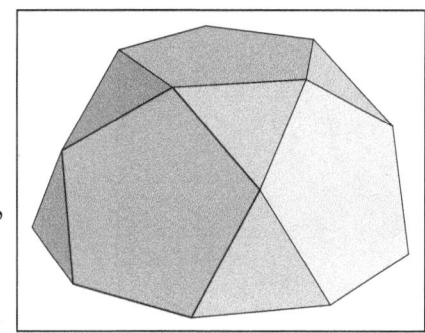

Geometrische Netze - Projektbuch von

Fünfsternen Prisma

1. Entlang der durchgezogenen Linien ausschneiden.
2. Falten auf punktiert.
3. Wählen Sie mit durchsichtigem Klebeband zu befestigen.

Wenn Sie zu zeichnen oder zu färben das Netz wollen, tun Sie es, bevor Sie es zusammen mit Klebeband. Wenn Sie es durch Kleben auf Dekorationen schmücken wollen, kleben Sie es zusammen zuerst.

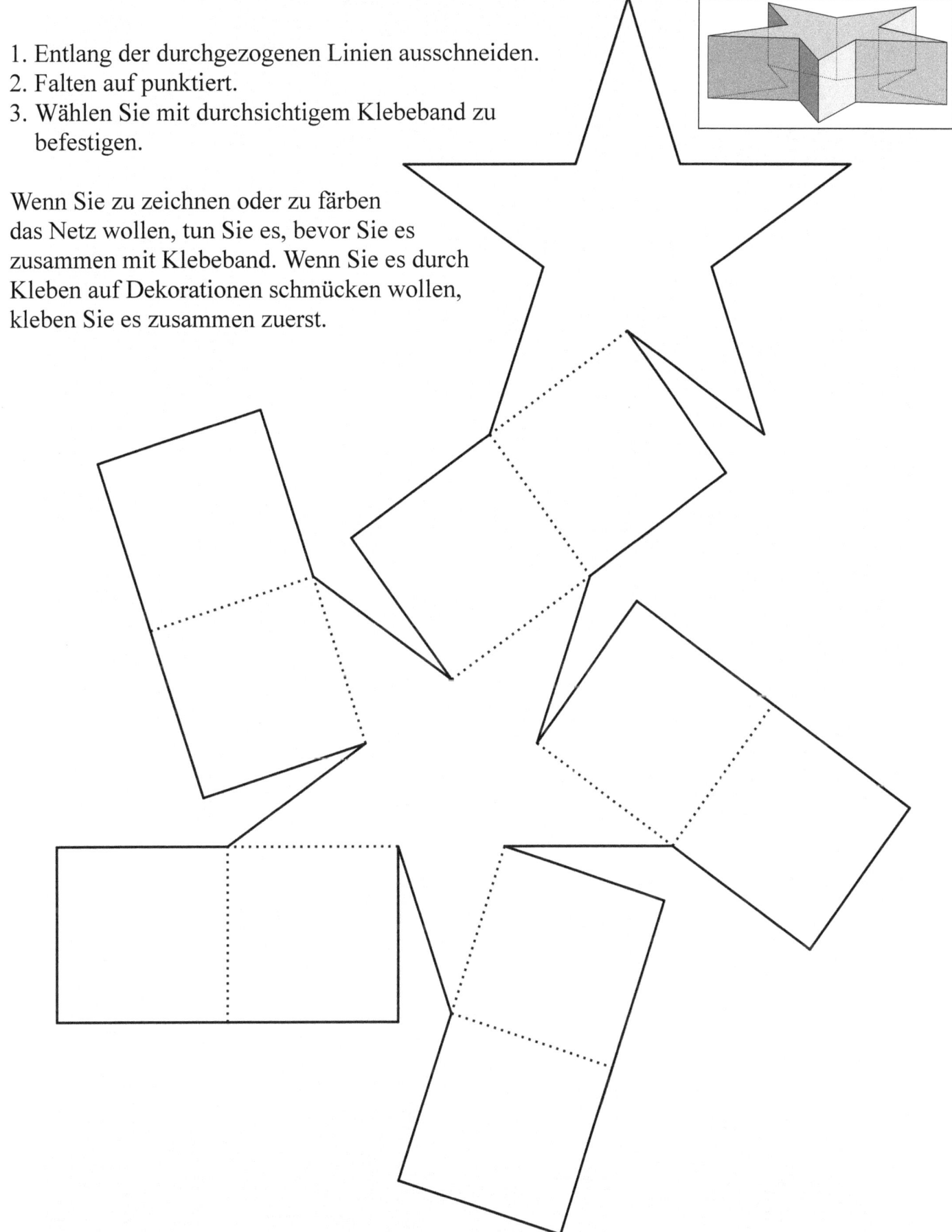

Geometrische Netze - Projektbuch von

Rechteckige Pyramide

1. Entlang der durchgezogenen Linien ausschneiden.
2. Falten auf punktiert.
3. Wählen Sie mit durchsichtigem Klebeband zu befestigen.

Wenn Sie zu zeichnen oder zu färben das Netz wollen, tun Sie es, bevor Sie es zusammen mit Klebeband. Wenn Sie es durch Kleben auf Dekorationen schmücken wollen, kleben Sie es zusammen zuerst.

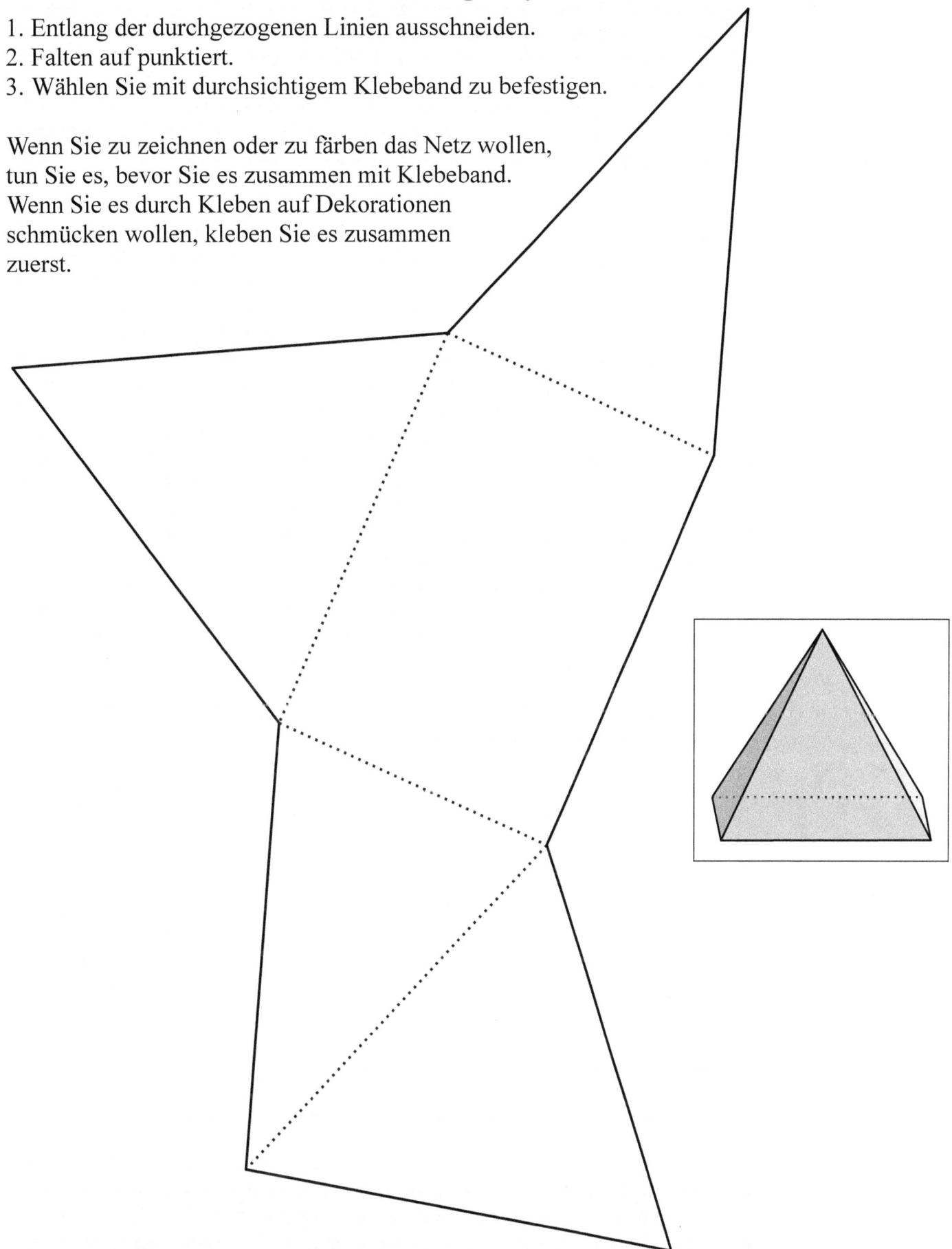

Geometrische Netze - Projektbuch von

Urheberrecht 2015 darf für den gelegentlichen, nichtkommerziellen Bildungs nur Gebrauch kopiert werden. Siehe Copyright-Hinweis für weitere Informationen.

Rhombusprisma

1. Entlang der durchgezogenen Linien ausschneiden.
2. Falten auf punktiert.
3. Wählen Sie mit durchsichtigem Klebeband zu befestigen.

Wenn Sie zu zeichnen oder zu färben das Netz wollen, tun Sie es, bevor Sie es zusammen mit Klebeband. Wenn Sie es durch Kleben auf Dekorationen schmücken wollen, kleben Sie es zusammen zuerst.

Geometrische Netze - Projektbuch von

Urheberrecht 2015 darf für den gelegentlichen, nichtkommerziellen Bildungs nur Gebrauch kopiert werden. Siehe Copyright-Hinweis für weitere Informationen.

Rhombenkuboktaeder

1. Entlang der durchgezogenen Linien ausschneiden.
2. Falten auf punktiert.
3. Wählen Sie mit durchsichtigem Klebeband zu befestigen.

Wenn Sie zu zeichnen oder zu färben das Netz wollen, tun Sie es, bevor Sie es zusammen mit Klebeband. Wenn Sie es durch Kleben auf Dekorationen schmücken wollen, kleben Sie es zusammen zuerst.

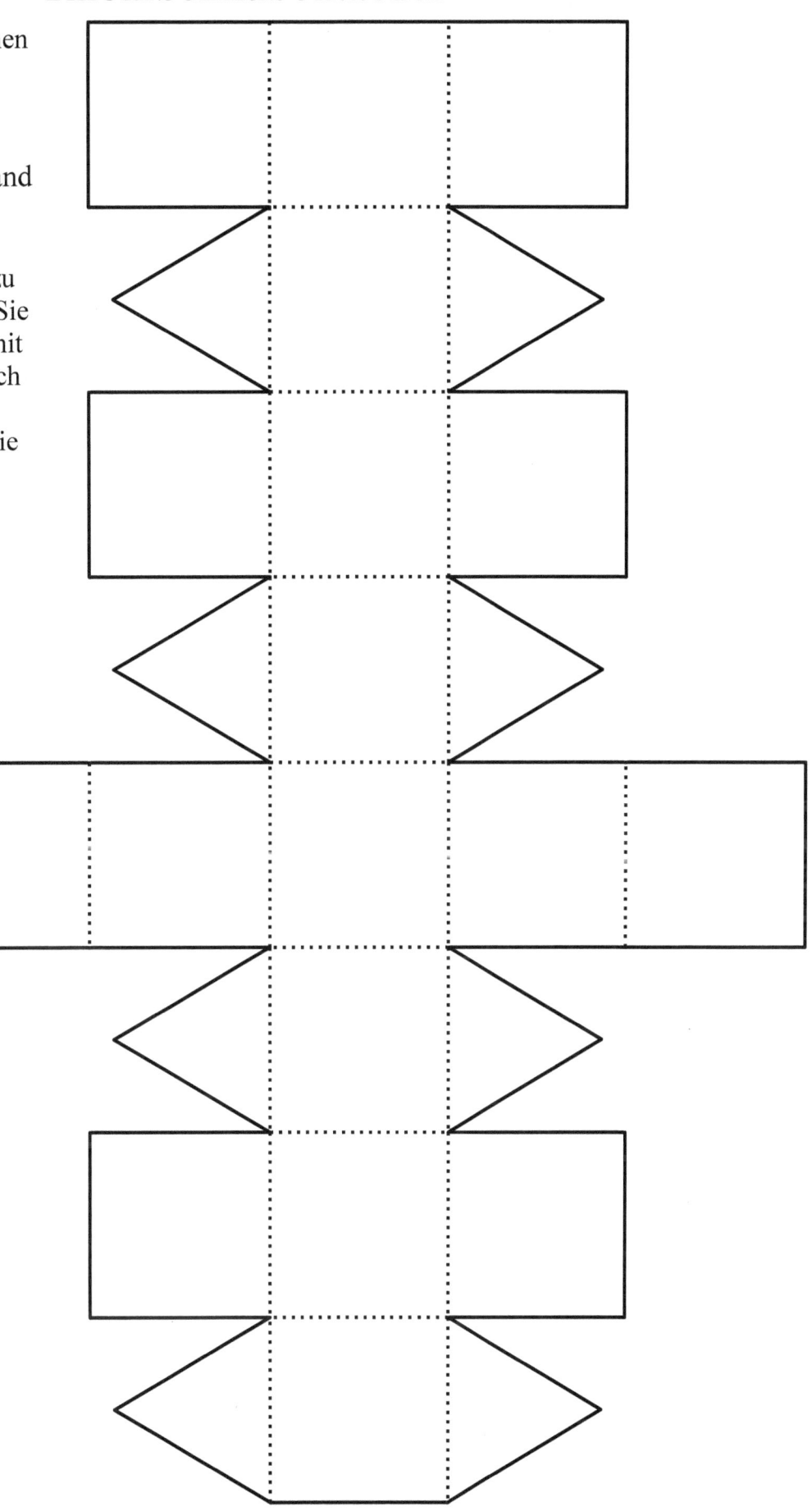

Geometrische Netze - Projektbuch von

Kleine Rhombidodecaheda

1. Entlang der durchgezogenen Linien ausschneiden.
2. Falten auf punktiert.
3. Wählen Sie mit durchsichtigem Klebeband zu befestigen.

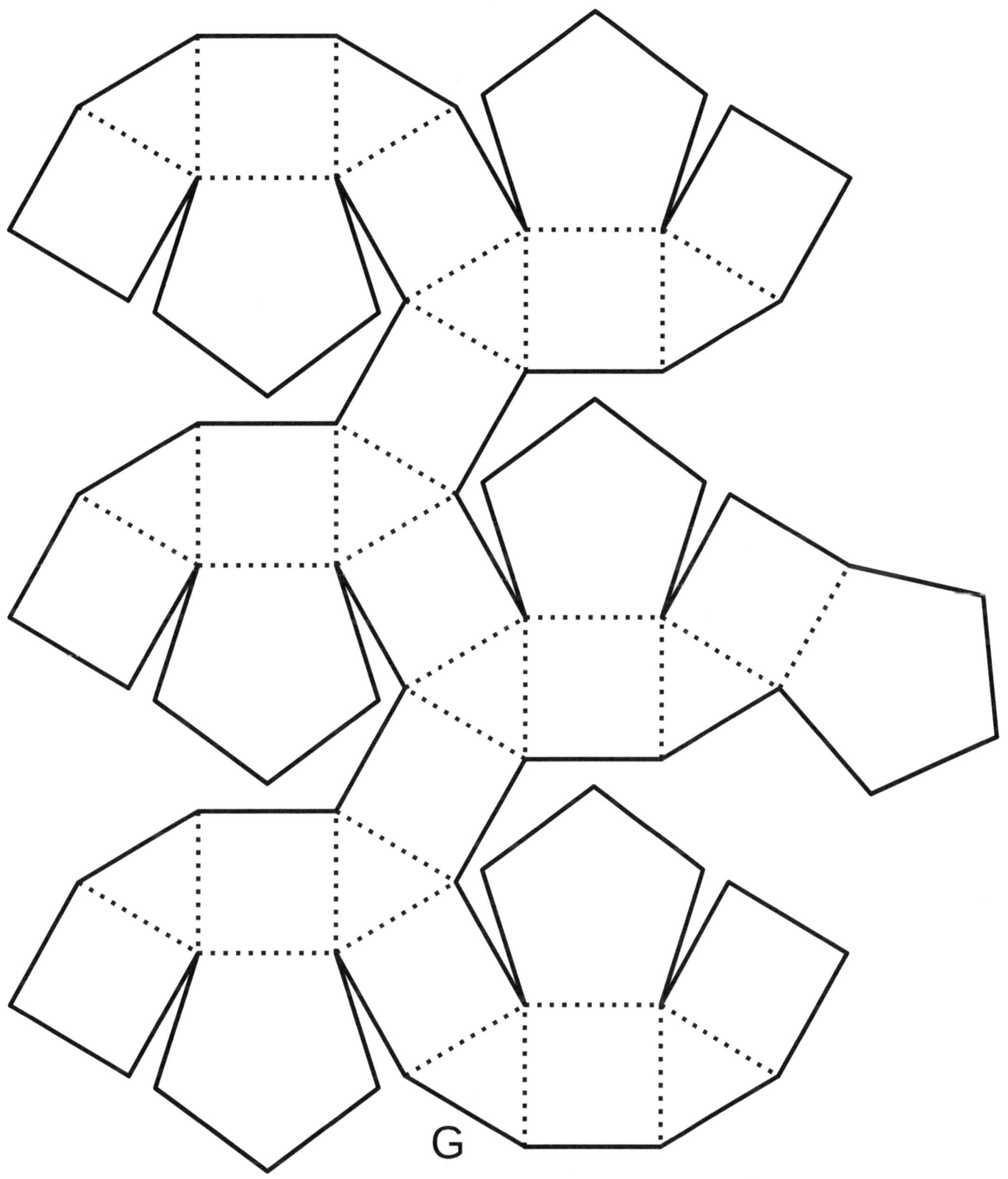

Geometrische Netze - Projektbuch von

Wenn Sie zu zeichnen oder zu färben das Netz wollen, tun Sie es, bevor Sie es zusammen mit Klebeband. Wenn Sie es durch Kleben auf Dekorationen schmücken wollen, kleben Sie es zusammen zuerst.

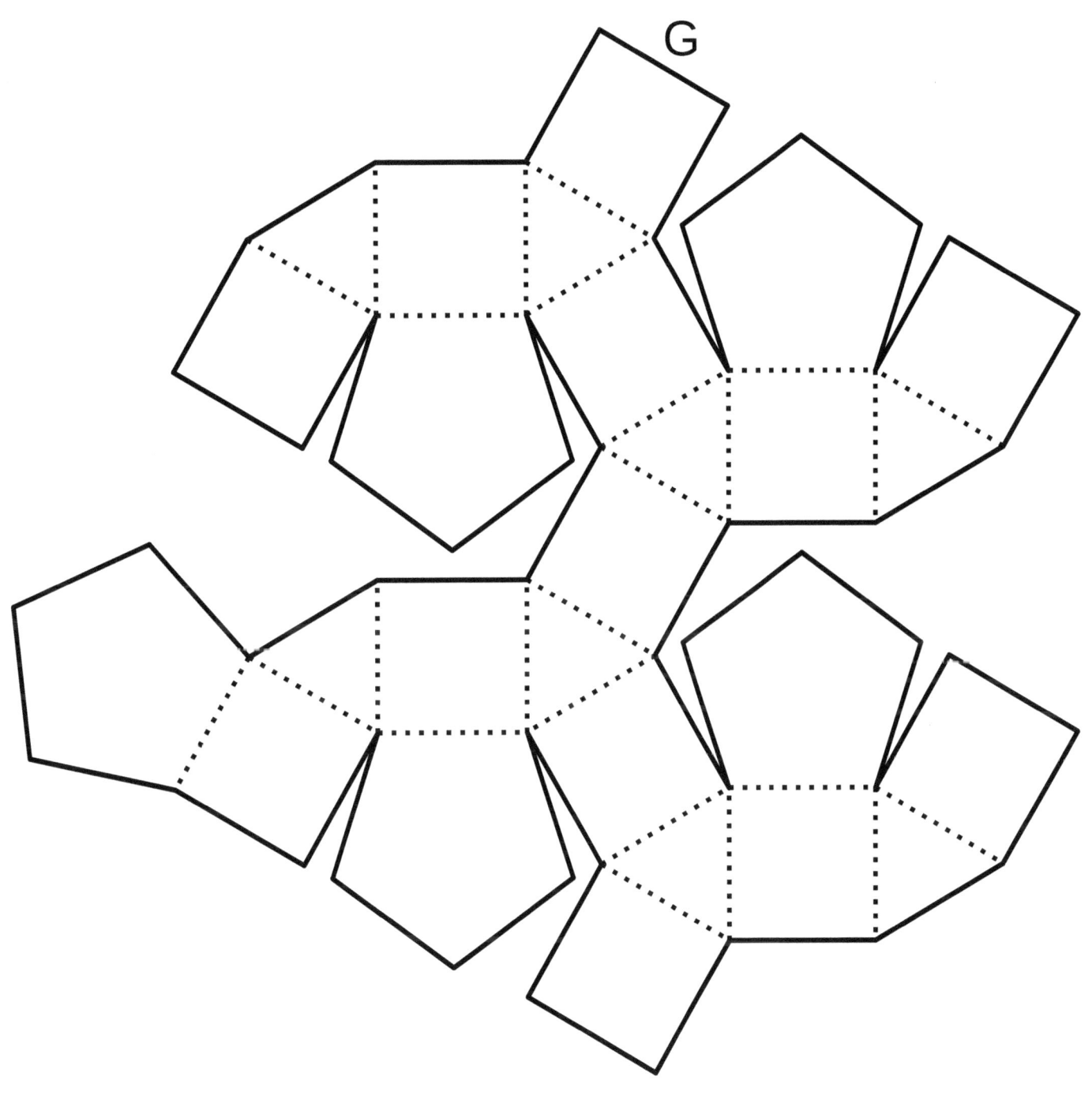

Geometrische Netze - Projektbuch von

Dodekaederstern

1. Dies ist eine zweiteilige Netz. Kopieren Sie diese Seite und die nächste.
2. Schneiden Sie die beiden Formen entlang der durchgezogenen Linien.
3. Kleben Sie die beiden Formen zusammen an das Liniensegment mit 'A'.
4. Falte auf gepunktete Linien.
5. Falten rückwärts auf den gestrichelten Linien.
6. Wählen Sie mit durchsichtigem Klebeband zu befestigen.

Wenn Sie zu zeichnen oder zu färben das Netz wollen, tun Sie es, bevor Sie es zusammen mit Klebeband. Wenn Sie es durch Kleben auf Dekorationen schmücken wollen, kleben Sie es zusammen zuerst.

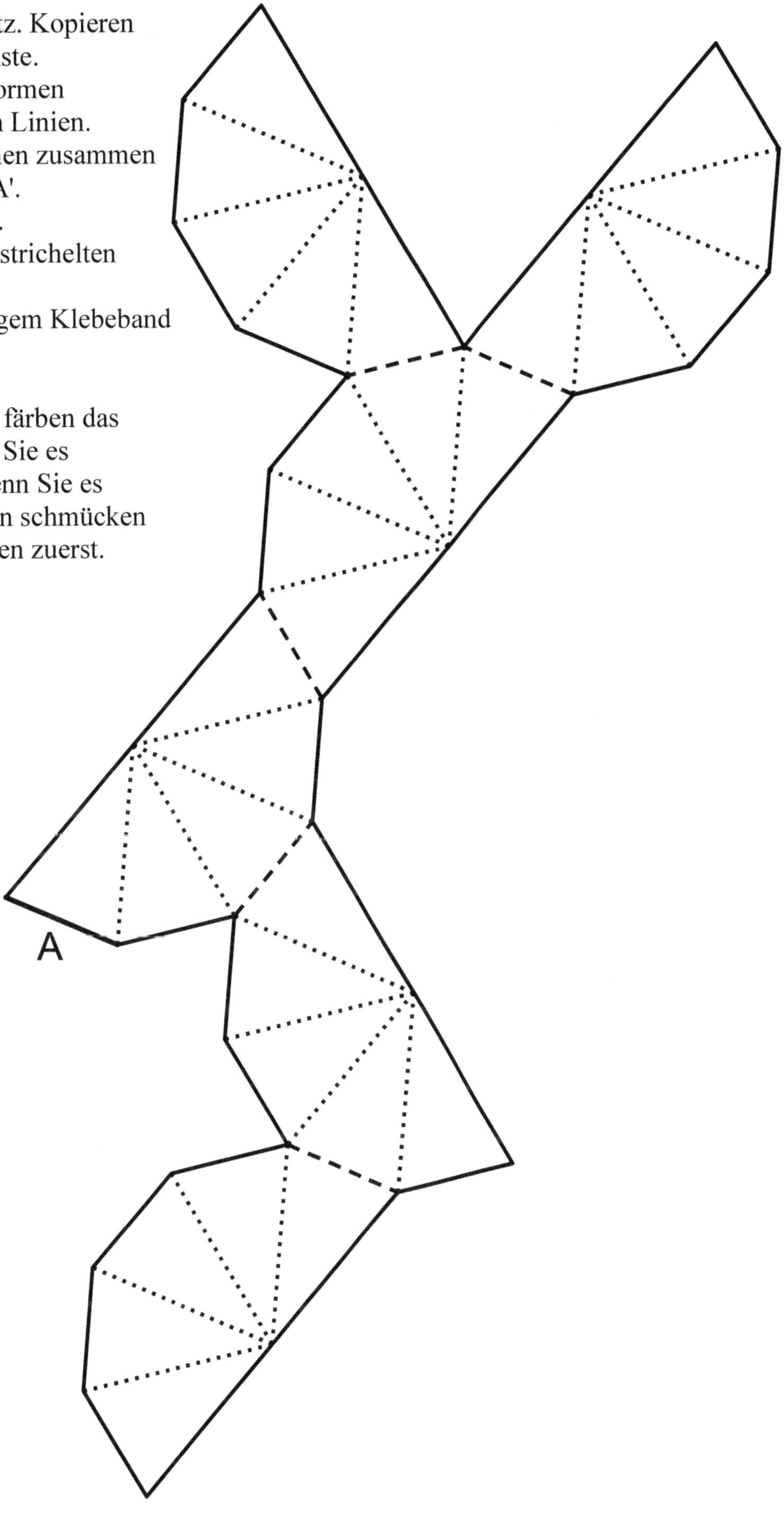

A

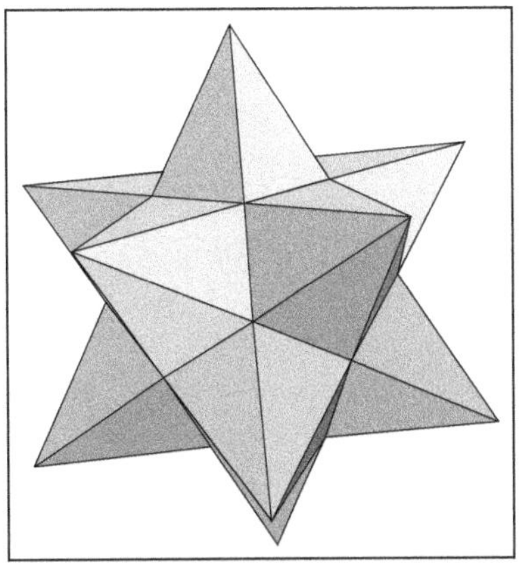

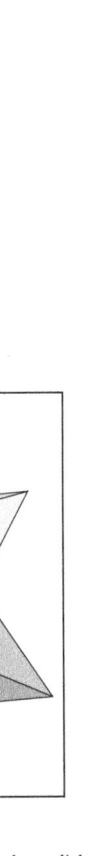

Geometrische Netze - Projektbuch von

Urheberrecht 2015 darf für den gelegentlichen, nichtkommerziellen Bildungs nur Gebrauch kopiert werden. Siehe Copyright-Hinweis für weitere Informationen.

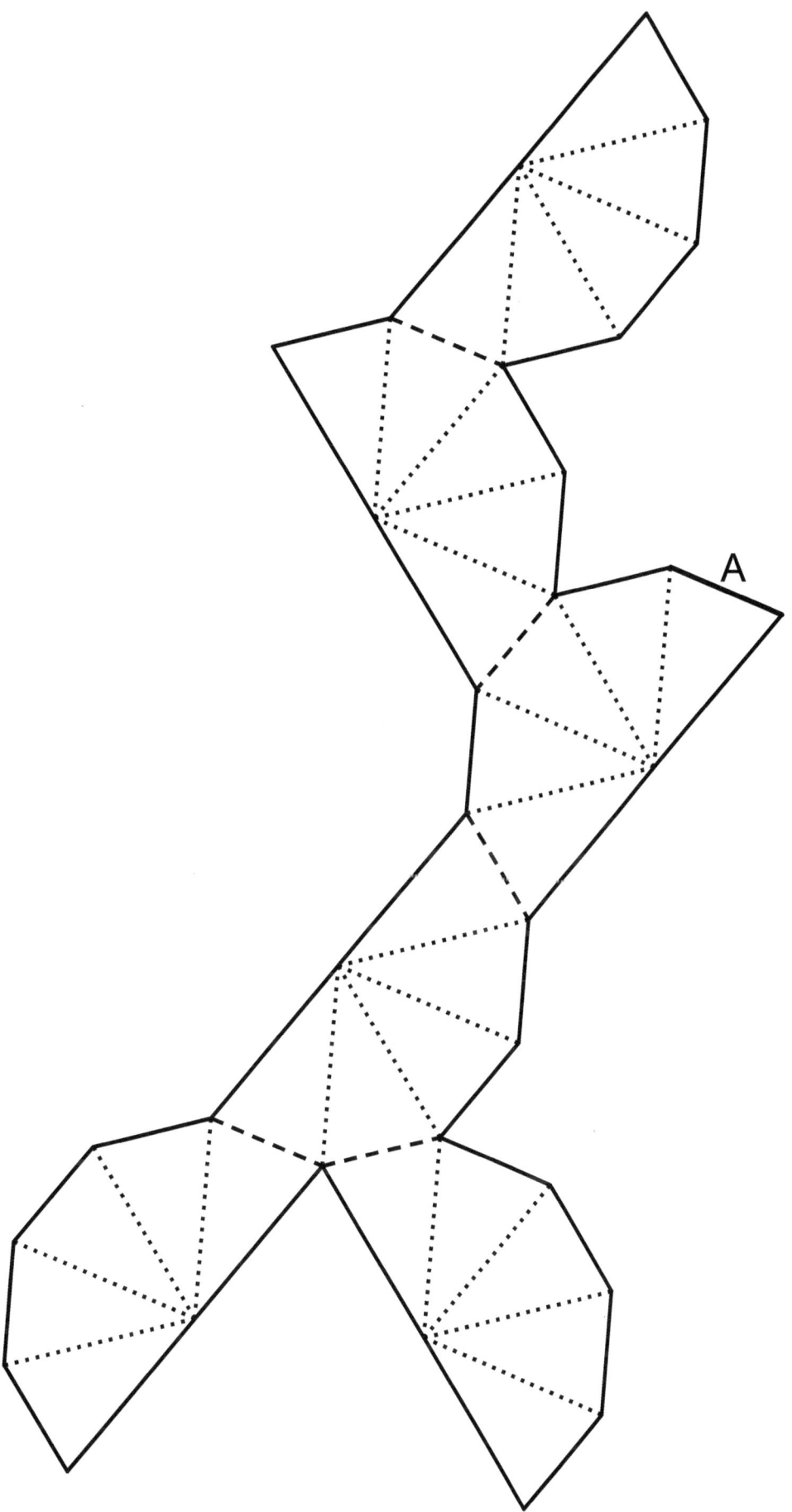

Abgeschrägtes Hexaeder

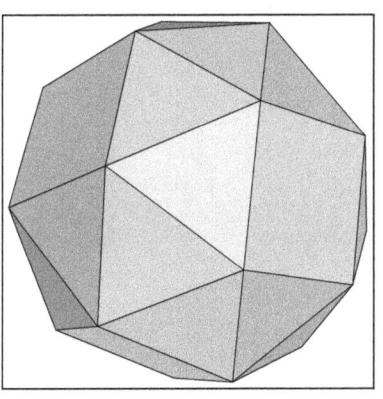

1. Entlang der durchgezogenen Linien ausschneiden.
2. Falten auf punktiert.
3. Wählen Sie mit durchsichtigem Klebeband zu befestigen.

Wenn Sie zu zeichnen oder zu färben das Netz wollen, tun Sie es, bevor Sie
es zusammen mit Klebeband. Wenn Sie es durch Kleben auf Dekorationen schmücken wollen, kleben Sie es zusammen zuerst.

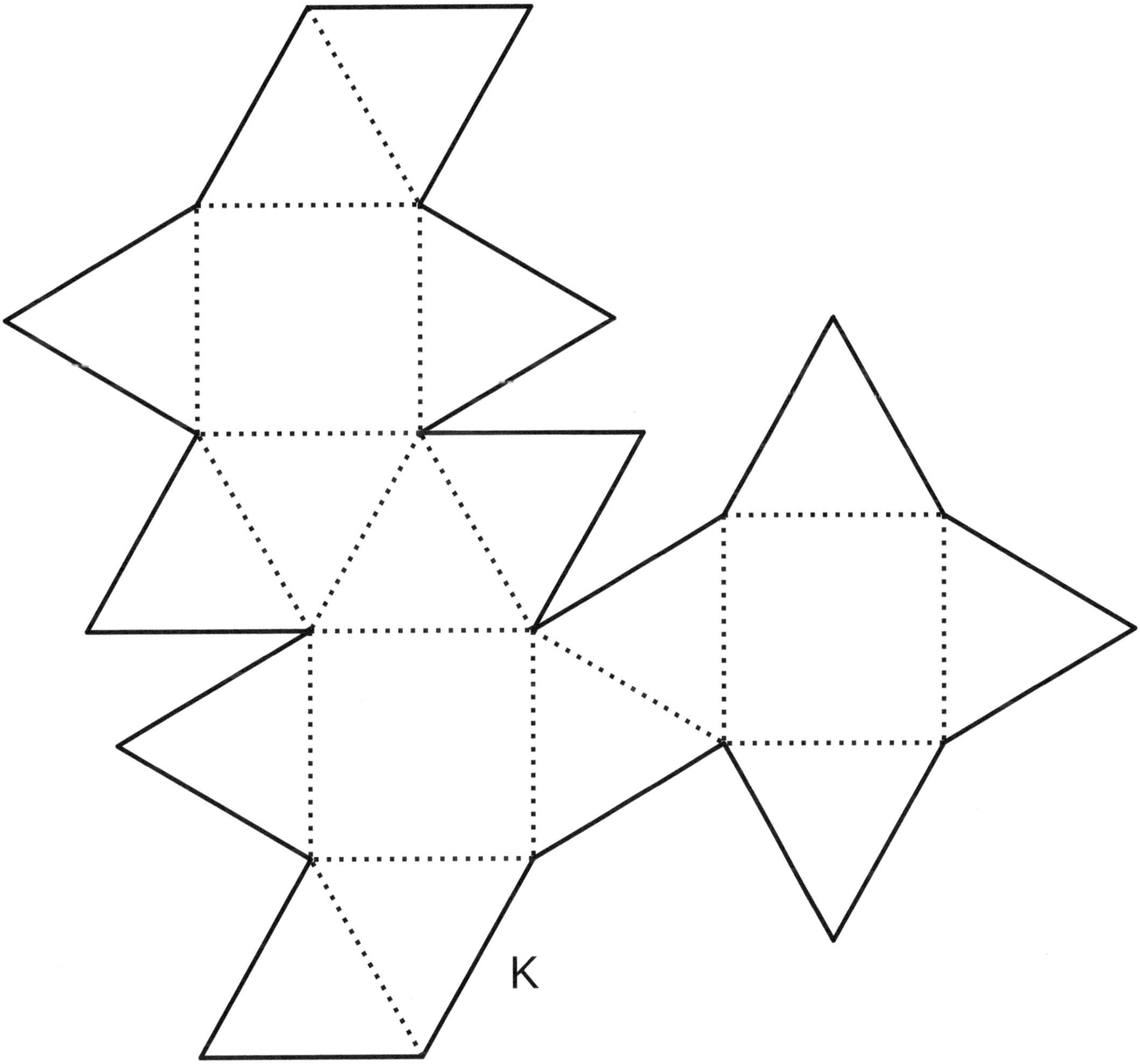

K

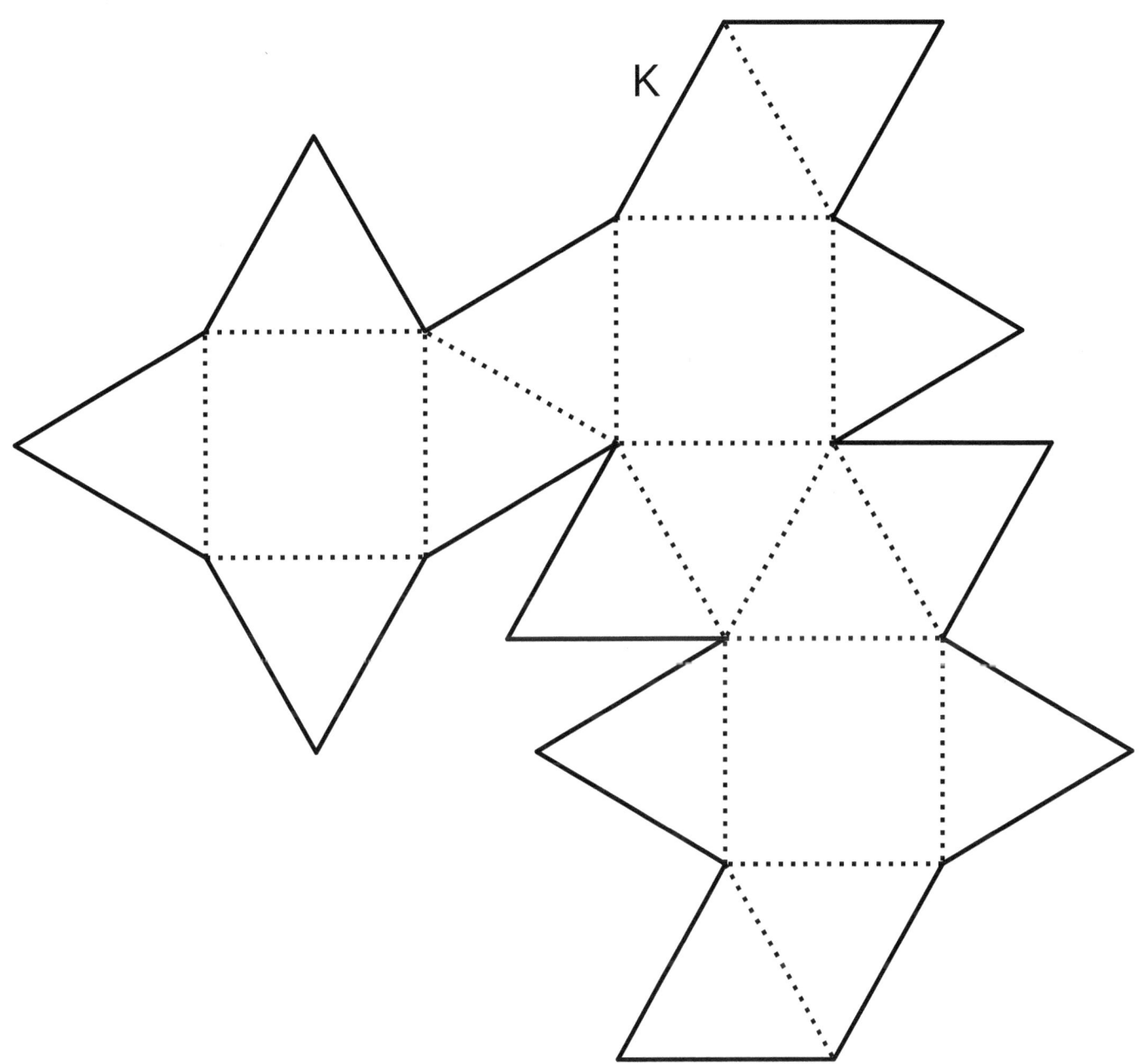

Abgeschrägtes Dodekaeder

1. Dies ist eine zweiteilige Netz. Kopieren Sie eine der Seite und einer der nächsten.
2. Entlang der durchgezogenen Linien ausschneiden.
3. Bringen Sie die beiden Teile mit durchsichtigem Klebeband auf dem Segment 'Z' beschriftet.
4. Falte auf gepunktete Linien.
5. Wählen Sie mit durchsichtigem Klebeband zu befestigen.

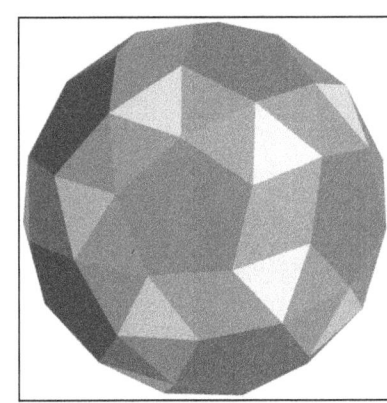

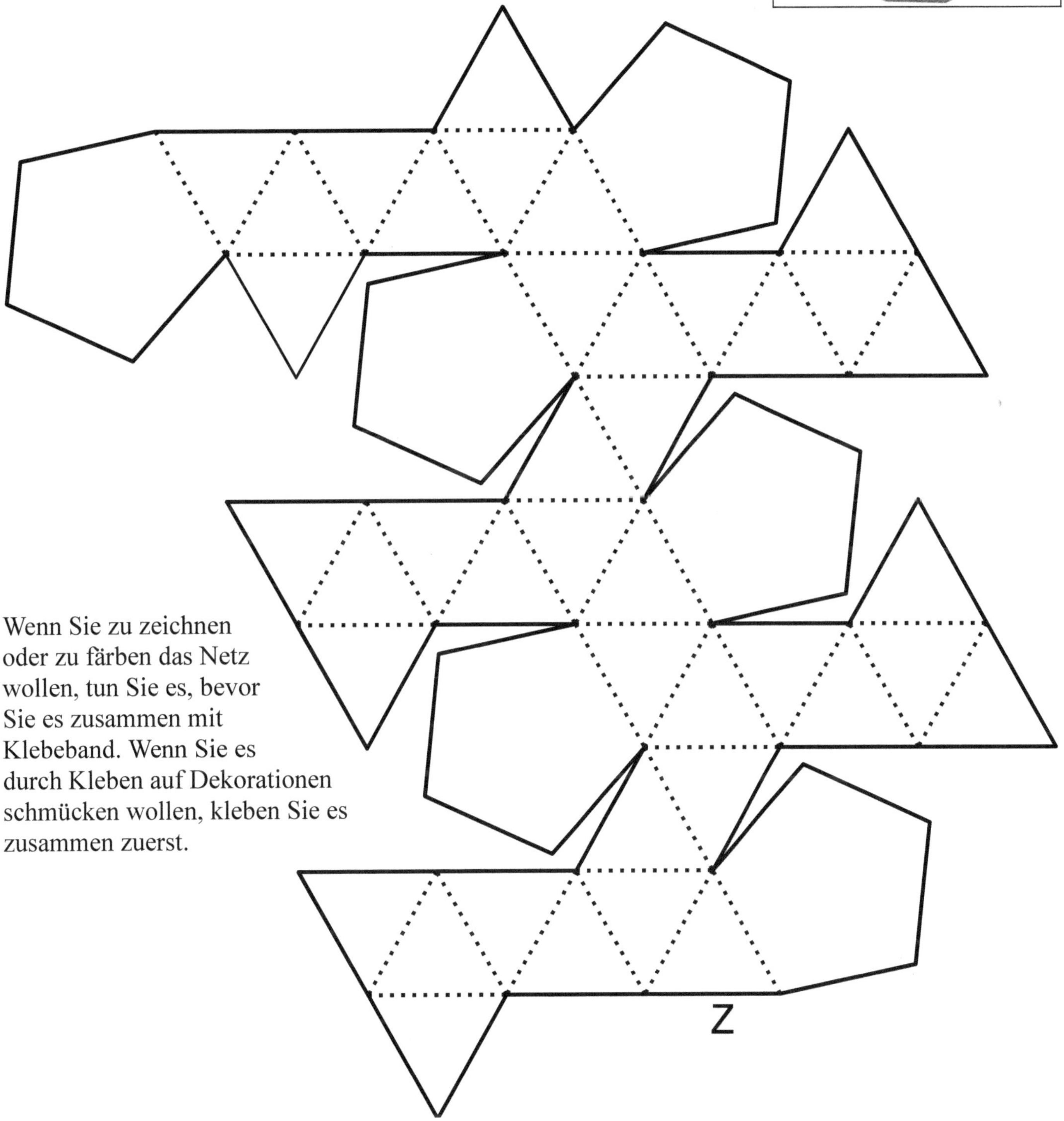

Wenn Sie zu zeichnen oder zu färben das Netz wollen, tun Sie es, bevor Sie es zusammen mit Klebeband. Wenn Sie es durch Kleben auf Dekorationen schmücken wollen, kleben Sie es zusammen zuerst.

Z

Geometrische Netze - Projektbuch von

Urheberrecht 2015 darf für den gelegentlichen, nichtkommerziellen Bildungs nur Gebrauch kopiert werden. Siehe Copyright-Hinweis für weitere Informationen.

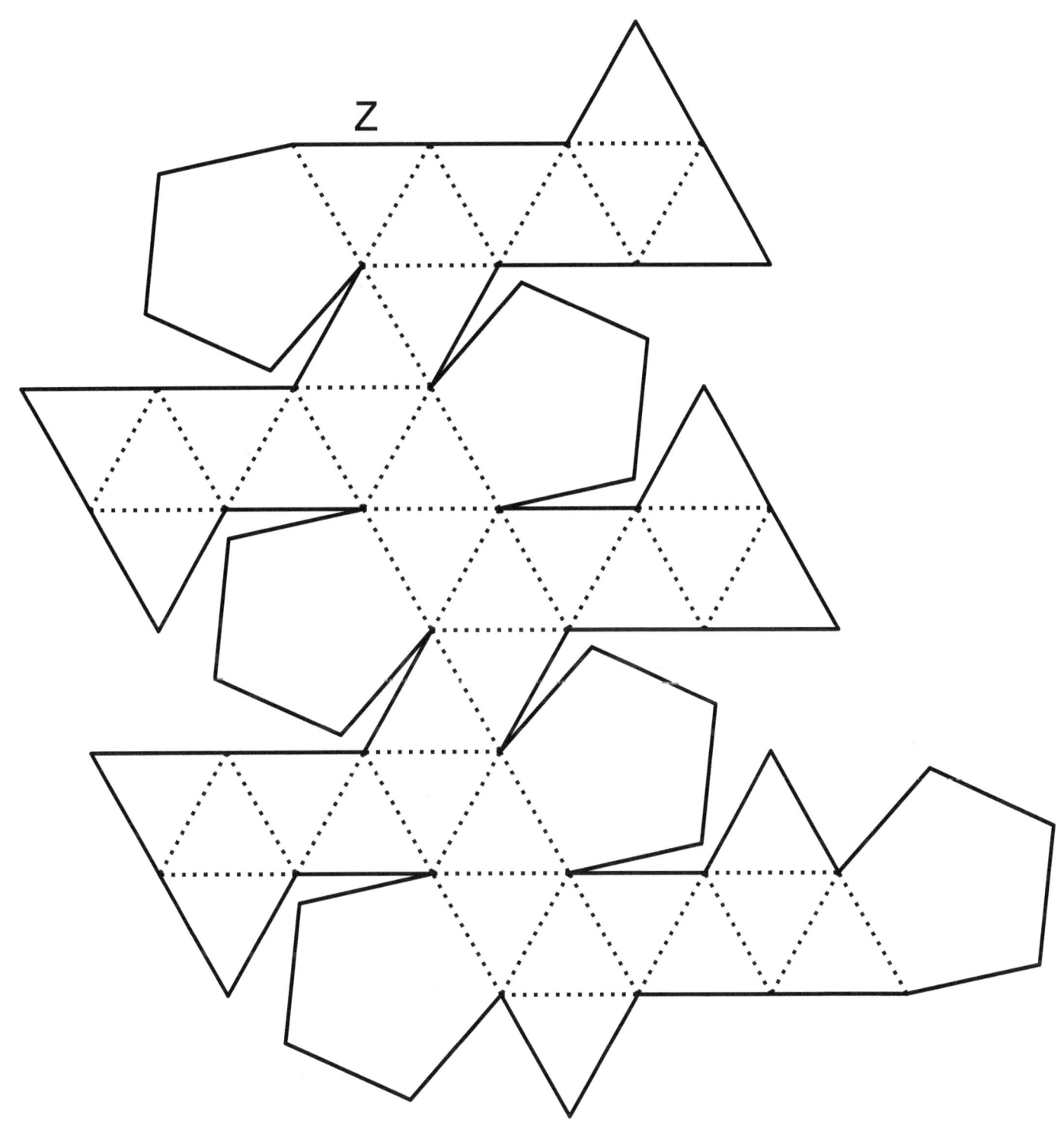

Quadratantiprisma

1. Entlang der durchgezogenen Linien ausschneiden.
2. Falten auf punktiert.
3. Wählen Sie mit durchsichtigem Klebeband zu befestigen.

Wenn Sie zu zeichnen oder zu färben das Netz wollen, tun Sie es, bevor Sie es zusammen mit Klebeband. Wenn Sie es durch Kleben auf Dekorationen schmücken wollen, kleben Sie es zusammen zuerst.

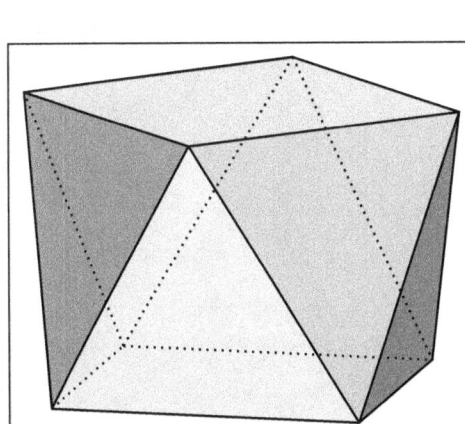

Geometrische Netze - Projektbuch von

Quadratkuppel

1. Entlang der durchgezogenen Linien ausschneiden.
2. Falten auf punktiert.
3. Wählen Sie mit durchsichtigem Klebeband zu befestigen.

Wenn Sie zu zeichnen oder zu färben das Netz wollen, tun Sie es, bevor Sie es zusammen mit Klebeband. Wenn Sie es durch Kleben auf Dekorationen schmücken wollen, kleben Sie es zusammen zuerst.

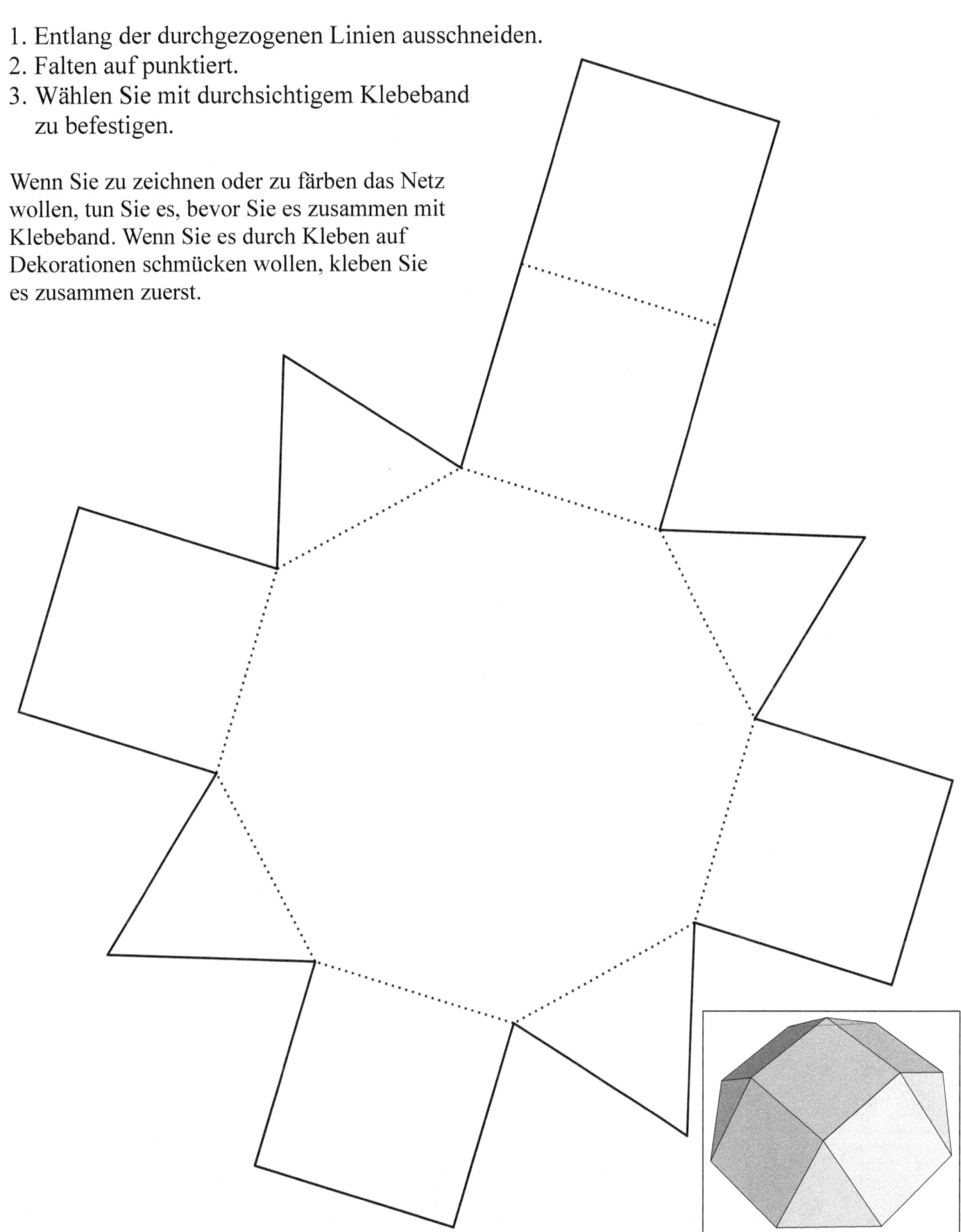

Geometrische Netze - Projektbuch von

Quadratpyramide

1. Entlang der durchgezogenen Linien ausschneiden.
2. Falten auf punktiert.
3. Wählen Sie mit durchsichtigem Klebeband zu befestigen.

Wenn Sie zu zeichnen oder zu färben das Netz wollen, tun Sie es, bevor Sie es zusammen mit Klebeband. Wenn Sie es durch Kleben auf Dekorationen schmücken wollen, kleben Sie es zusammen zuerst.

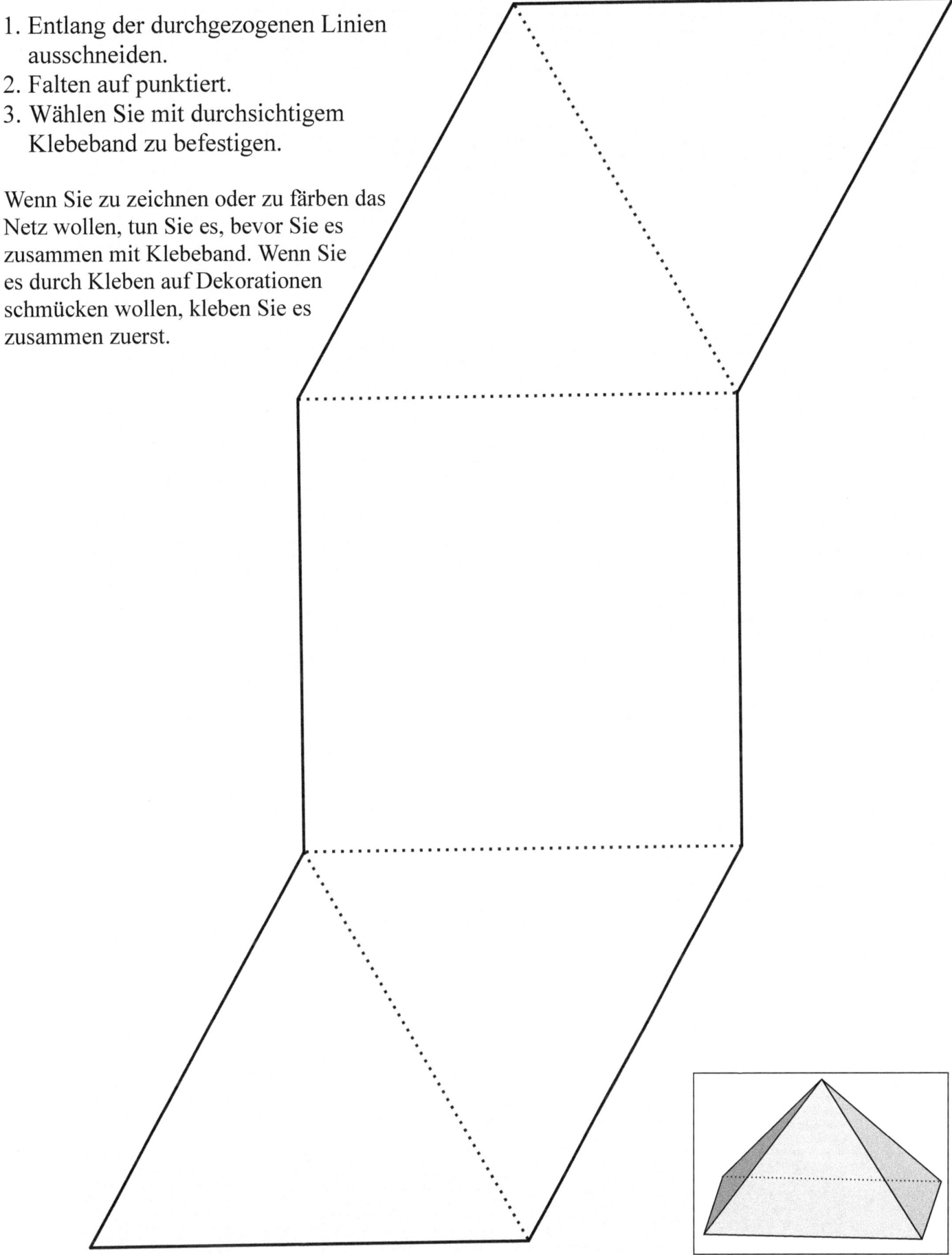

Quadrattrapezoeder

1. Entlang der durchgezogenen Linien ausschneiden.
2. Falten auf punktiert.
3. Wählen Sie mit durchsichtigem Klebeband zu befestigen.

Wenn Sie zu zeichnen oder zu färben das Netz wollen, tun Sie es, bevor Sie es zusammen mit Klebeband. Wenn Sie es durch Kleben auf Dekorationen schmücken wollen, kleben Sie es zusammen zuerst.

Geometrische Netze - Projektbuch von

Sterntetraeder

1. Entlang der durchgezogenen Linien ausschneiden.
2. Klappen nach vorne auf den gestrichelten Linien.
3. Falten rückwärts auf der gestrichelten und gepunkteten Linien.
4. Wählen Sie mit durchsichtigem Klebeband zu befestigen.

Wenn Sie zu zeichnen oder zu färben das Netz wollen, tun Sie es, bevor Sie es zusammen mit Klebeband. Wenn Sie es durch Kleben auf Dekorationen schmücken wollen, kleben Sie es zusammen zuerst.

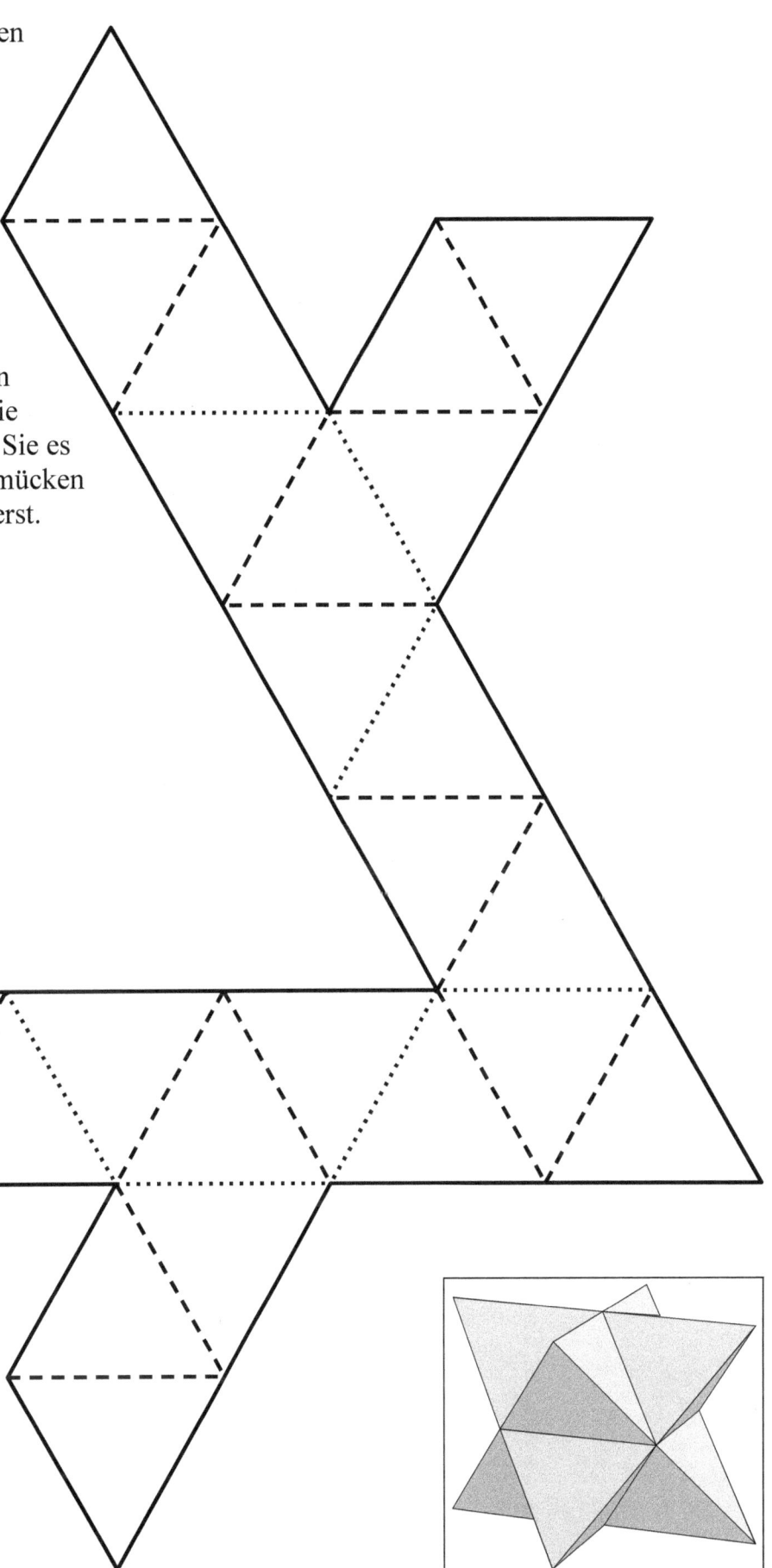

Geometrische Netze - Projektbuch von

Regelmäßiges Tetraeder

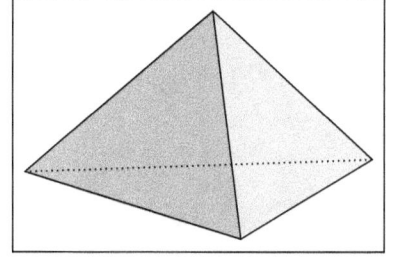

1. Entlang der durchgezogenen Linien ausschneiden.
2. Falten auf punktiert.
3. Wählen Sie mit durchsichtigem Klebeband zu befestigen.

Wenn Sie zu zeichnen oder zu färben das Netz wollen, tun Sie es, bevor Sie es zusammen mit Klebeband. Wenn Sie es durch Kleben auf Dekorationen schmücken wollen, kleben Sie es zusammen zuerst.

Für weitere Informationen über Tetraeder, gehen Sie zu
http://www.allmathwords.org/en/t/tetrahedron.html.

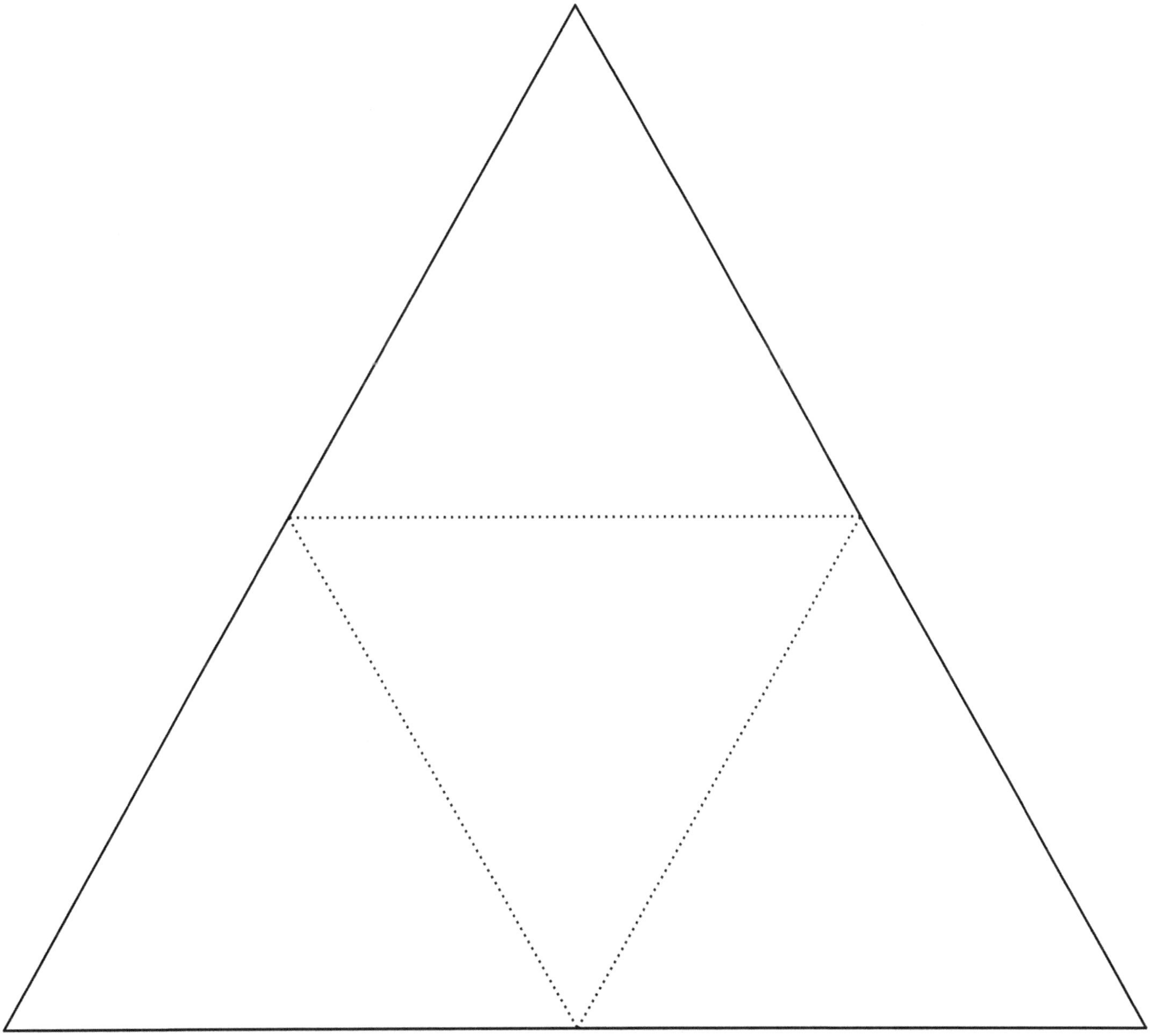

Tetrakishexaeder

1. Entlang der durchgezogenen Linien ausschneiden.
2. Falten auf punktiert.
3. Wählen Sie mit durchsichtigem Klebeband zu befestigen.

Wenn Sie zu zeichnen oder zu färben das Netz wollen, tun Sie es, bevor Sie es zusammen mit Klebeband. Wenn Sie es durch Kleben auf Dekorationen schmücken wollen, kleben Sie es zusammen zuerst.

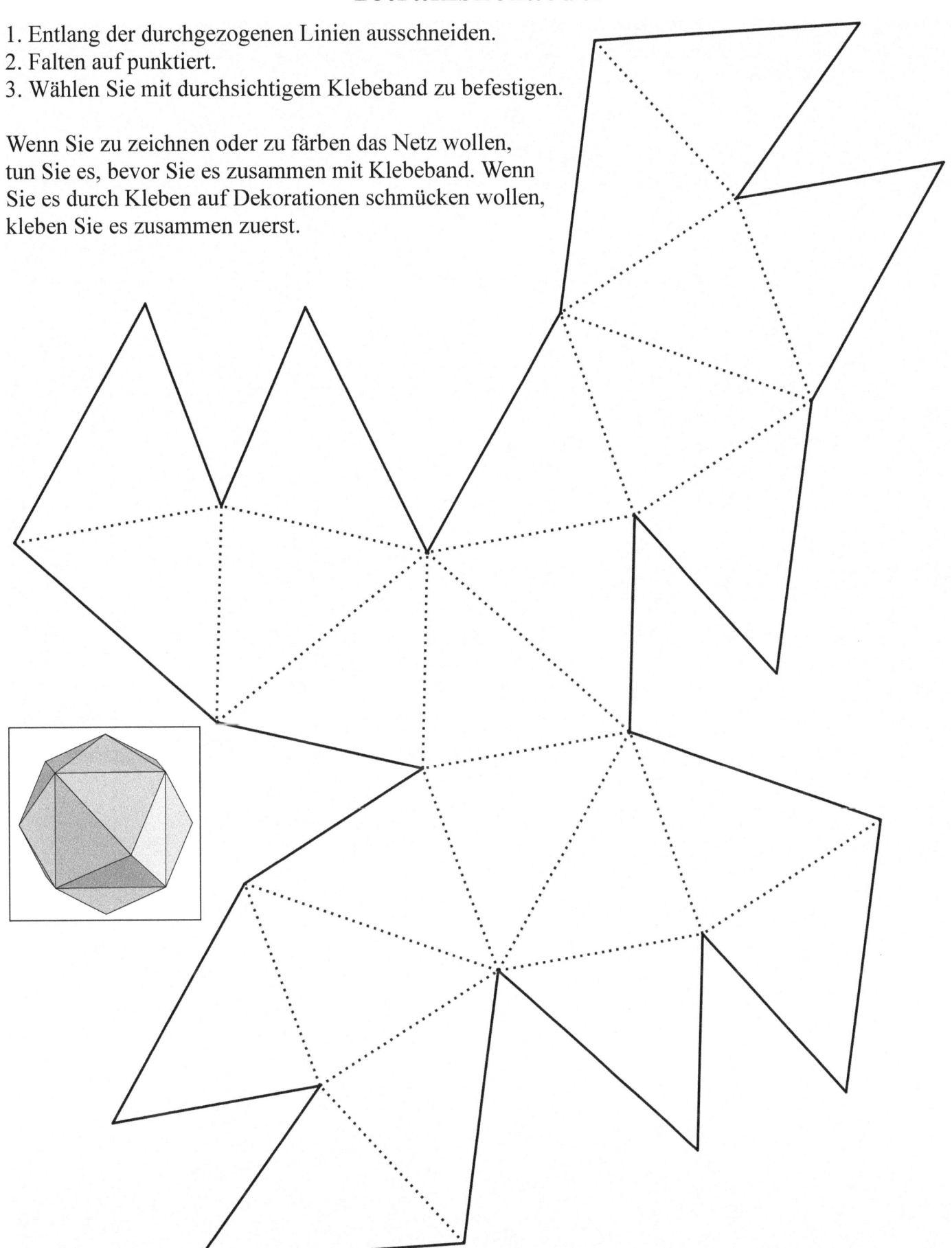

Geometrische Netze - Projektbuch von

Triakisoktaeder

1. Entlang der durchgezogenen Linien ausschneiden.
2. Falten auf punktiert.
3. Wählen Sie mit durchsichtigem Klebeband zu befestigen.

Wenn Sie zu zeichnen oder zu färben das Netz wollen, tun Sie es, bevor Sie es zusammen mit Klebeband. Wenn Sie es durch Kleben auf Dekorationen schmücken wollen, kleben Sie es zusammen zuerst.

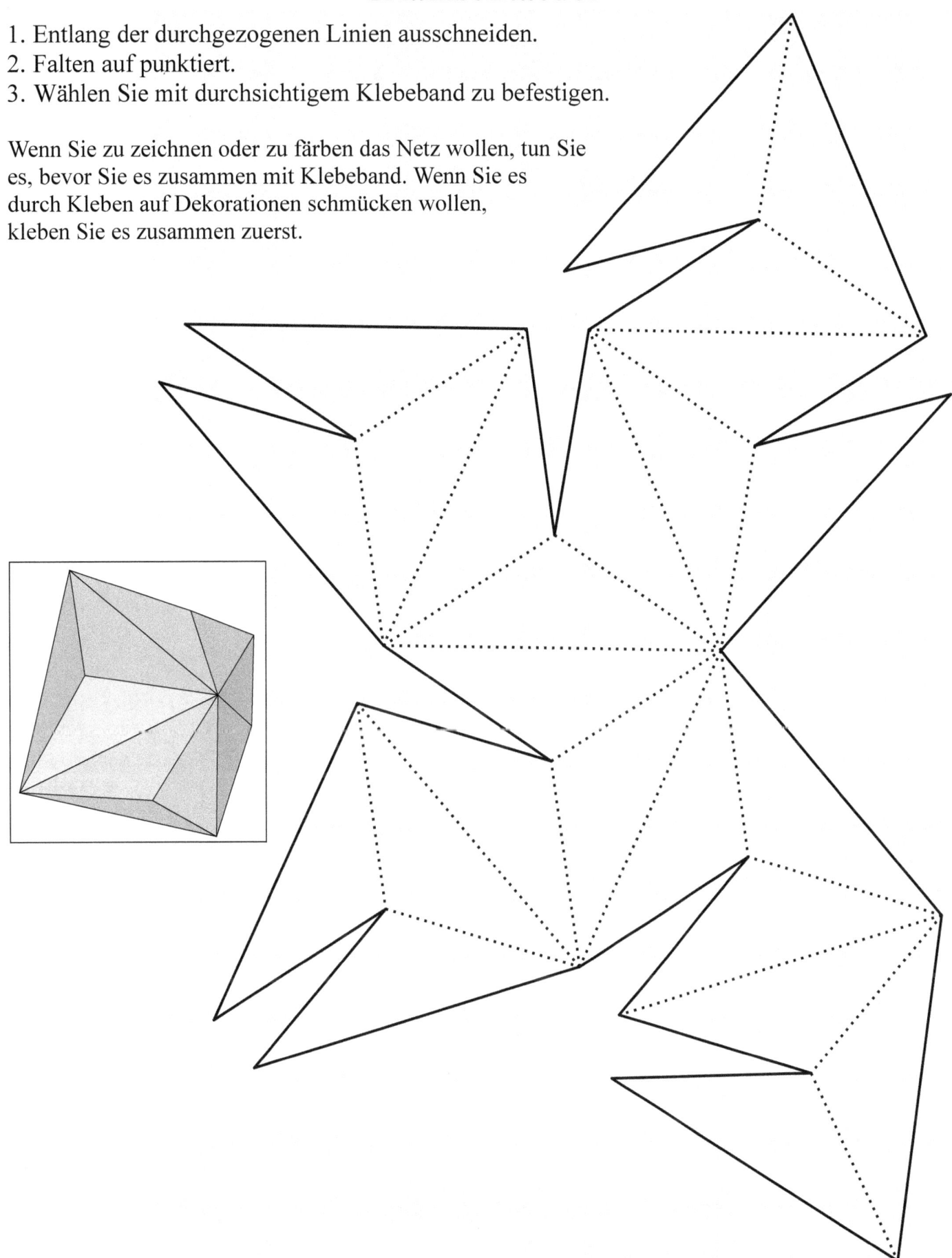

Triakistetraeder

1. Entlang der durchgezogenen Linien ausschneiden.
2. Falten auf punktiert.
3. Wählen Sie mit durchsichtigem Klebeband zu befestigen.

Wenn Sie zu zeichnen oder zu färben das Netz wollen, tun Sie es, bevor Sie es zusammen mit Klebeband. Wenn Sie es durch Kleben auf Dekorationen schmücken wollen, kleben Sie es zusammen zuerst.

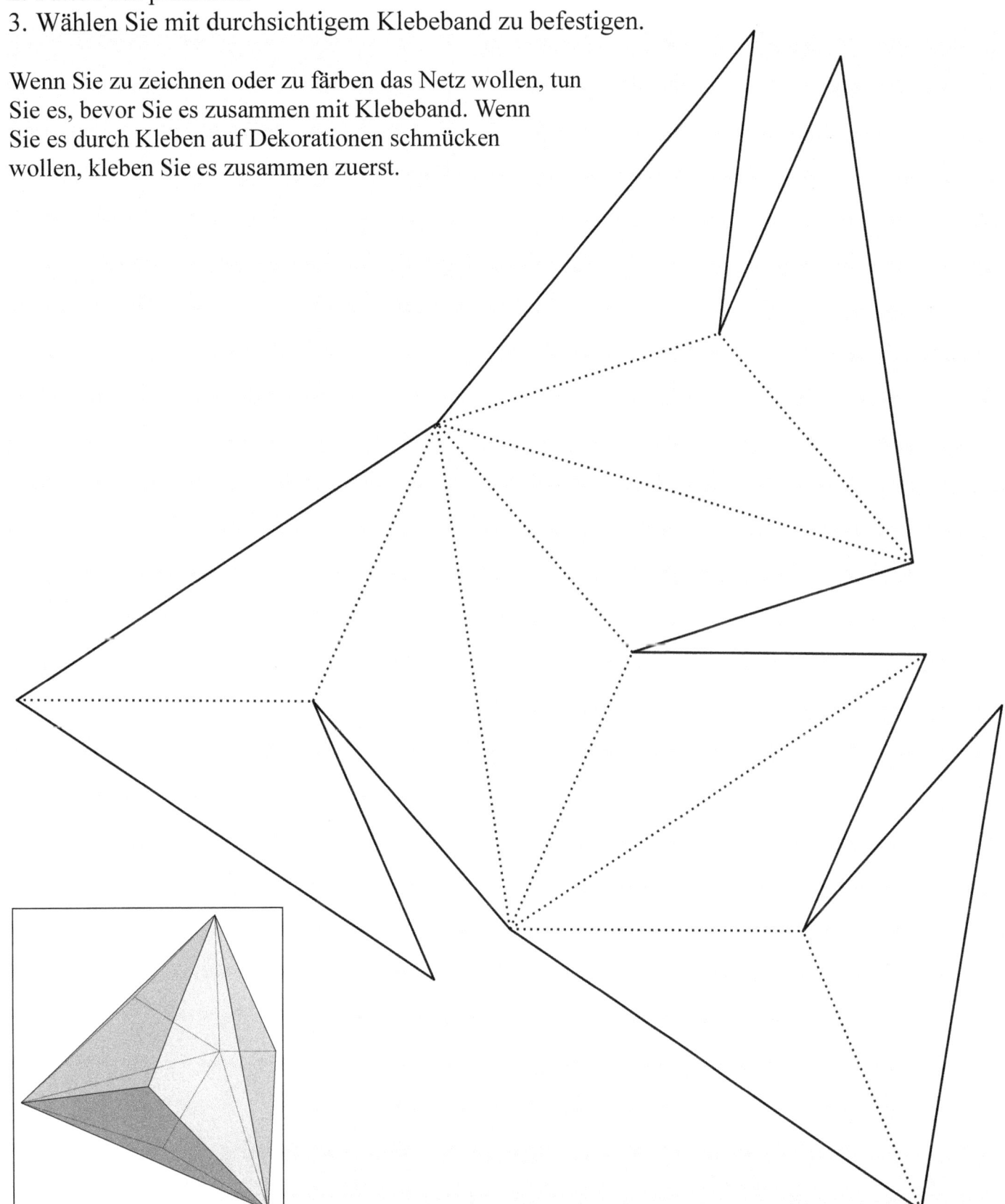

Geometrische Netze - Projektbuch von

Dreieckskuppel

1. Entlang der durchgezogenen Linien ausschneiden.
2. Falten auf punktiert.
3. Wählen Sie mit durchsichtigem Klebeband zu befestigen.

Wenn Sie zu zeichnen oder zu färben das Netz wollen, tun Sie es, bevor Sie es zusammen mit Klebeband. Wenn Sie es durch Kleben auf Dekorationen schmücken wollen, kleben Sie es zusammen zuerst.

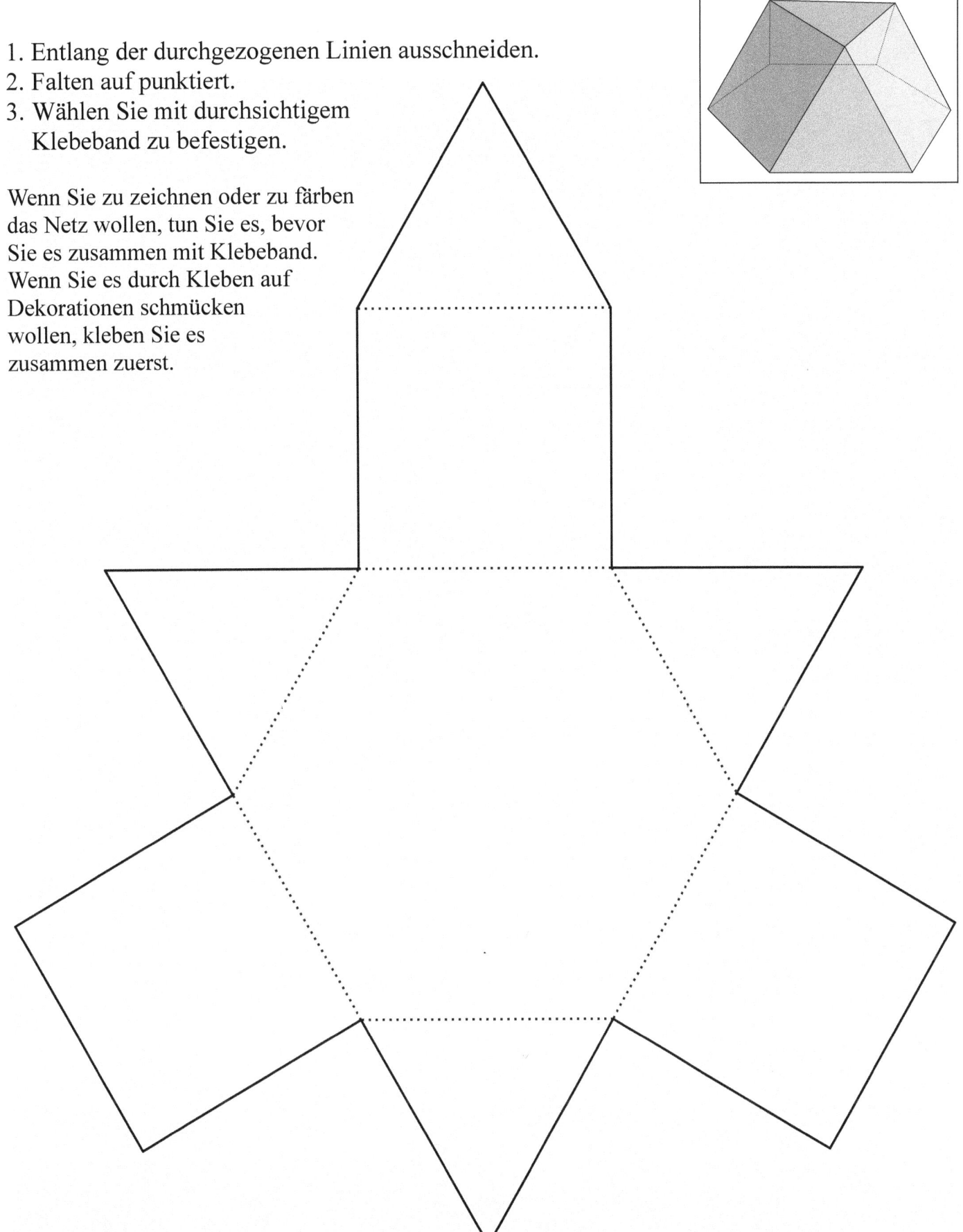

Geometrische Netze - Projektbuch von

Dreiecksbipyramide

1. Entlang der durchgezogenen Linien ausschneiden.
2. Falten auf punktiert.
3. Wählen Sie mit durchsichtigem Klebeband zu befestigen.

Wenn Sie zu zeichnen oder zu färben das Netz wollen, tun Sie es, bevor Sie es zusammen mit Klebeband. Wenn Sie es durch Kleben auf Dekorationen schmücken wollen, kleben Sie es zusammen zuerst.

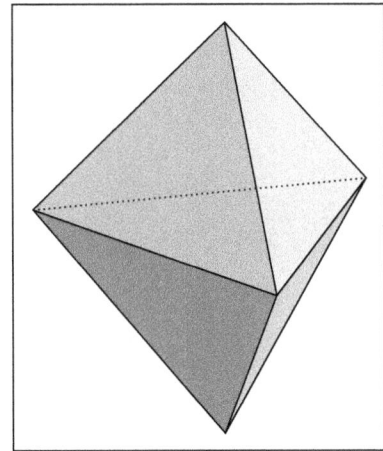

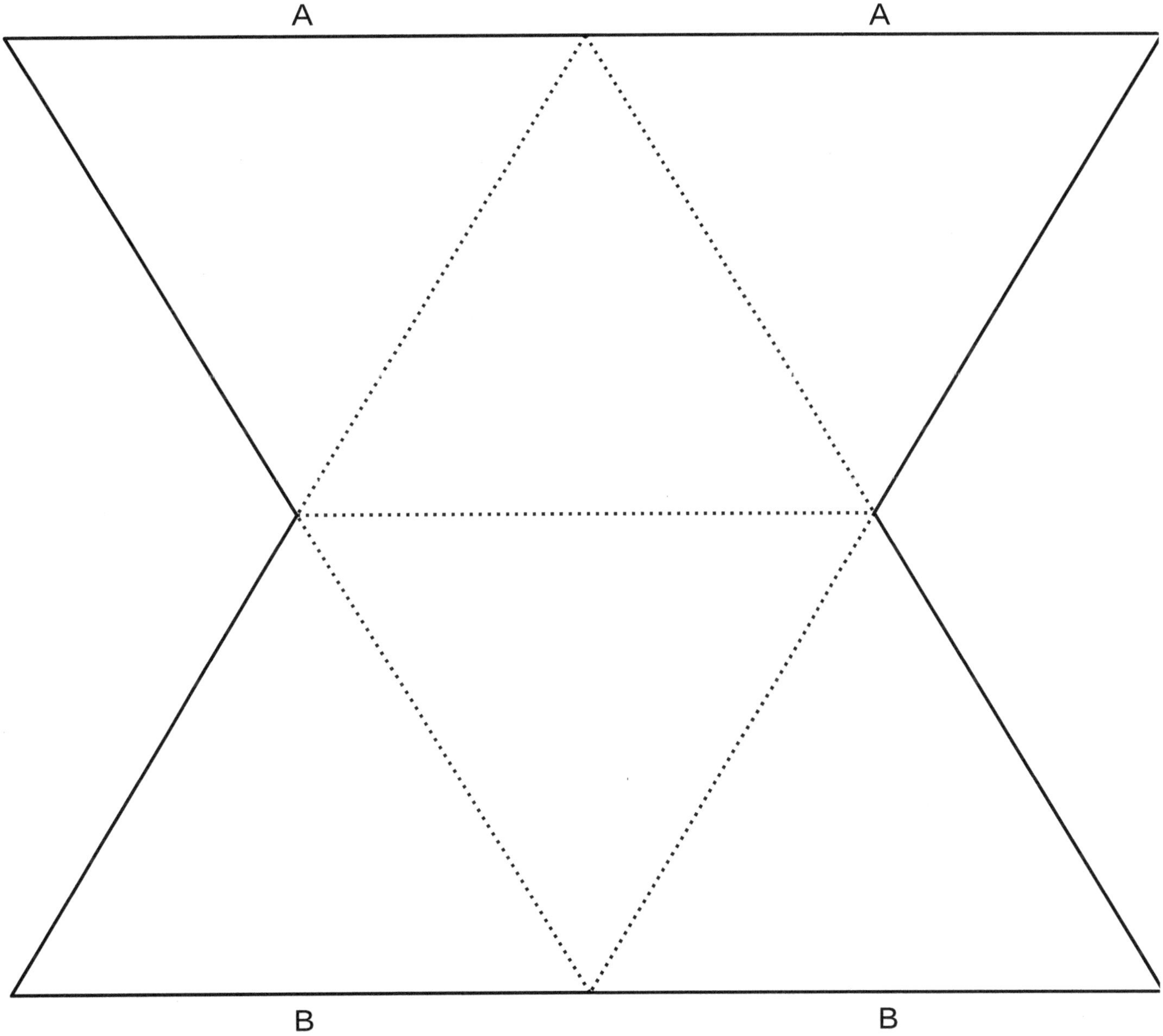

A   A

B   B

Geometrische Netze - Projektbuch von

Urheberrecht 2015 darf für den gelegentlichen, nichtkommerziellen Bildungs nur Gebrauch kopiert werden. Siehe Copyright-Hinweis für weitere Informationen.

Dreieckige Pentaeder

1. Entlang der durchgezogenen Linien ausschneiden.
2. Falten auf punktiert.
3. Wählen Sie mit durchsichtigem Klebeband zu befestigen.

Wenn Sie zu zeichnen oder zu färben das Netz wollen, tun Sie es, bevor Sie es zusammen mit Klebeband. Wenn Sie es durch Kleben auf Dekorationen schmücken wollen, kleben Sie es zusammen zuerst.

Geometrische Netze - Projektbuch von

Dreieckiges Prisma

1. Entlang der durchgezogenen Linien ausschneiden.
2. Falten auf punktiert.
3. Wählen Sie mit durchsichtigem Klebeband zu befestigen.

Wenn Sie zu zeichnen oder zu färben das Netz wollen, tun Sie es, bevor Sie es zusammen mit Klebeband. Wenn Sie es durch Kleben auf Dekorationen schmücken wollen, kleben Sie es zusammen zuerst.

Geometrische Netze - Projektbuch von

Schiefe Dreieckige Pyramide

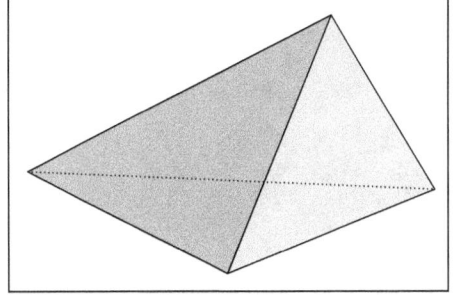

1. Entlang der durchgezogenen Linien ausschneiden.
2. Falten auf punktiert.
3. Wählen Sie mit durchsichtigem Klebeband zu befestigen.

Wenn Sie zu zeichnen oder zu färben das Netz wollen, tun Sie es, bevor Sie es zusammen mit Klebeband. Wenn Sie es durch Kleben auf Dekorationen schmücken wollen, kleben Sie es zusammen zuerst.

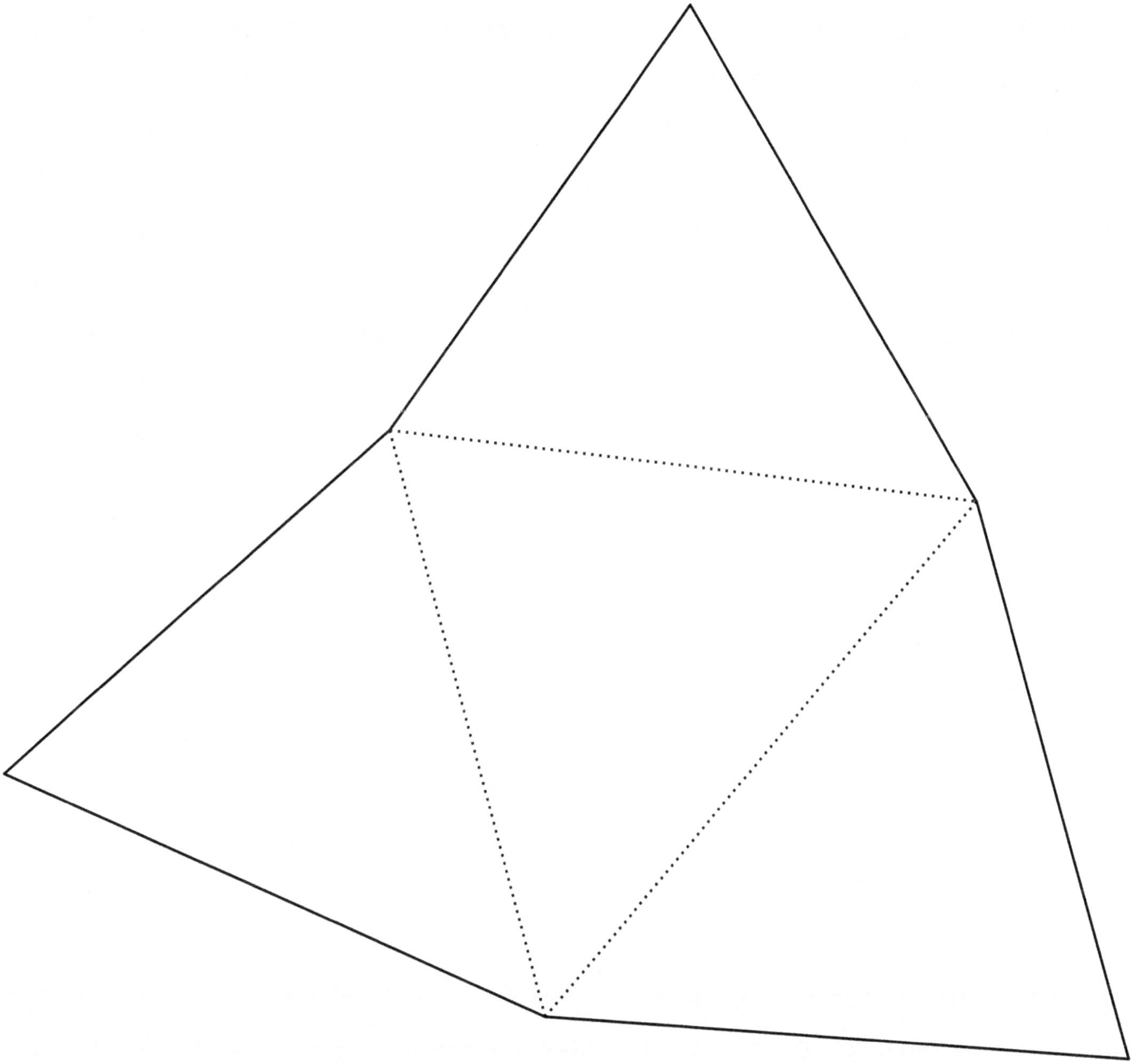

Geometrische Netze - Projektbuch von

Hexaederstumpf

1. Entlang der durchgezogenen Linien ausschneiden.
2. Falten auf punktiert.
3. Wählen Sie mit durchsichtigem Klebeband zu befestigen.

Wenn Sie zu zeichnen oder zu färben das Netz wollen, tun Sie es, bevor Sie es zusammen mit Klebeband. Wenn Sie es durch Kleben auf Dekorationen schmücken wollen, kleben Sie es zusammen zuerst.

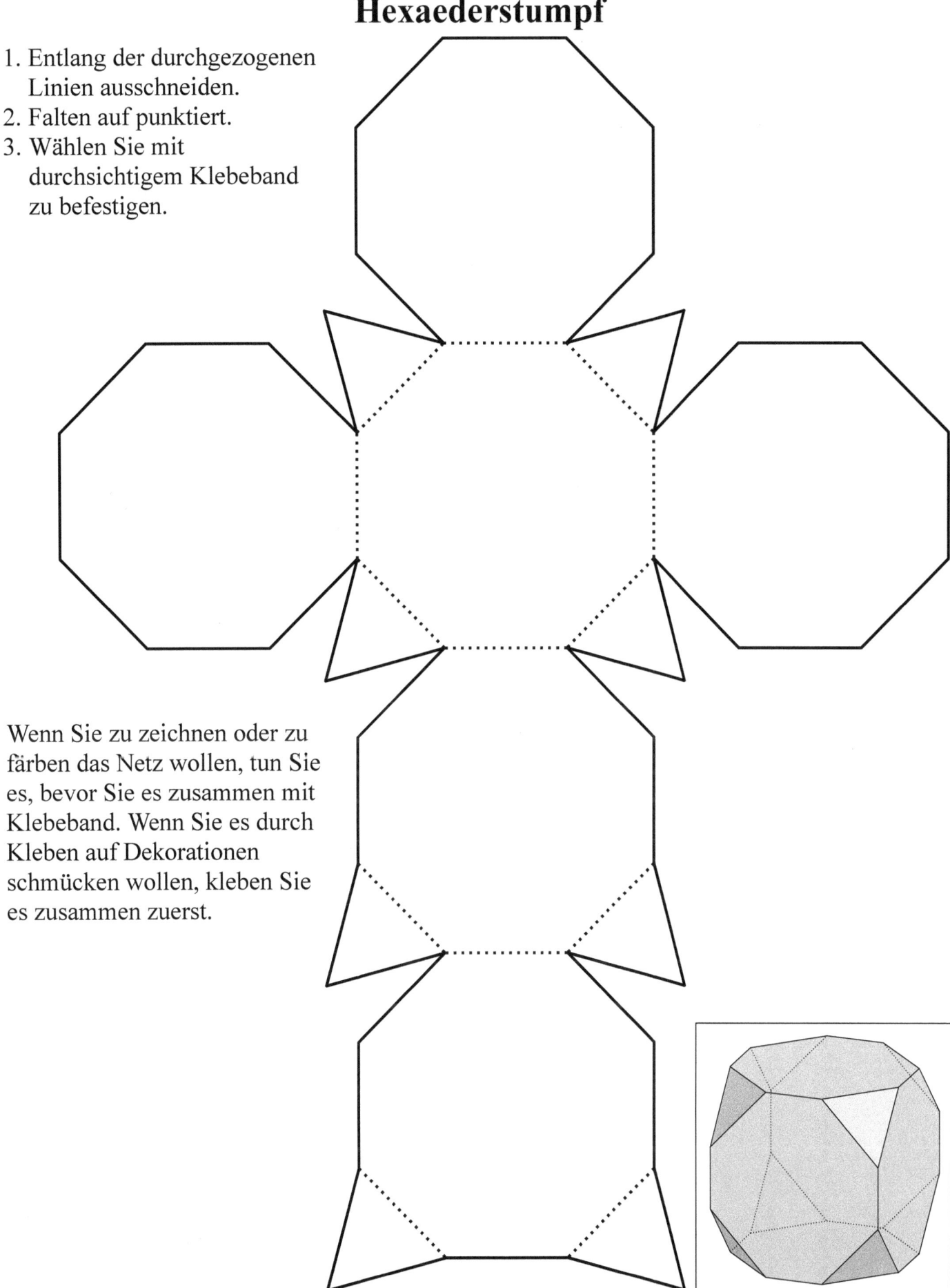

Geometrische Netze - Projektbuch von

Großes Rhombenkuboktaeder

1. Entlang der durchgezogenen Linien ausschneiden.
2. Falten auf punktiert.
3. Wählen Sie mit durchsichtigem Klebeband zu befestigen.

Wenn Sie zu zeichnen oder zu färben das Netz wollen, tun Sie es, bevor Sie es zusammen mit Klebeband. Wenn Sie es durch Kleben auf Dekorationen schmücken wollen, kleben Sie es zusammen zuerst.

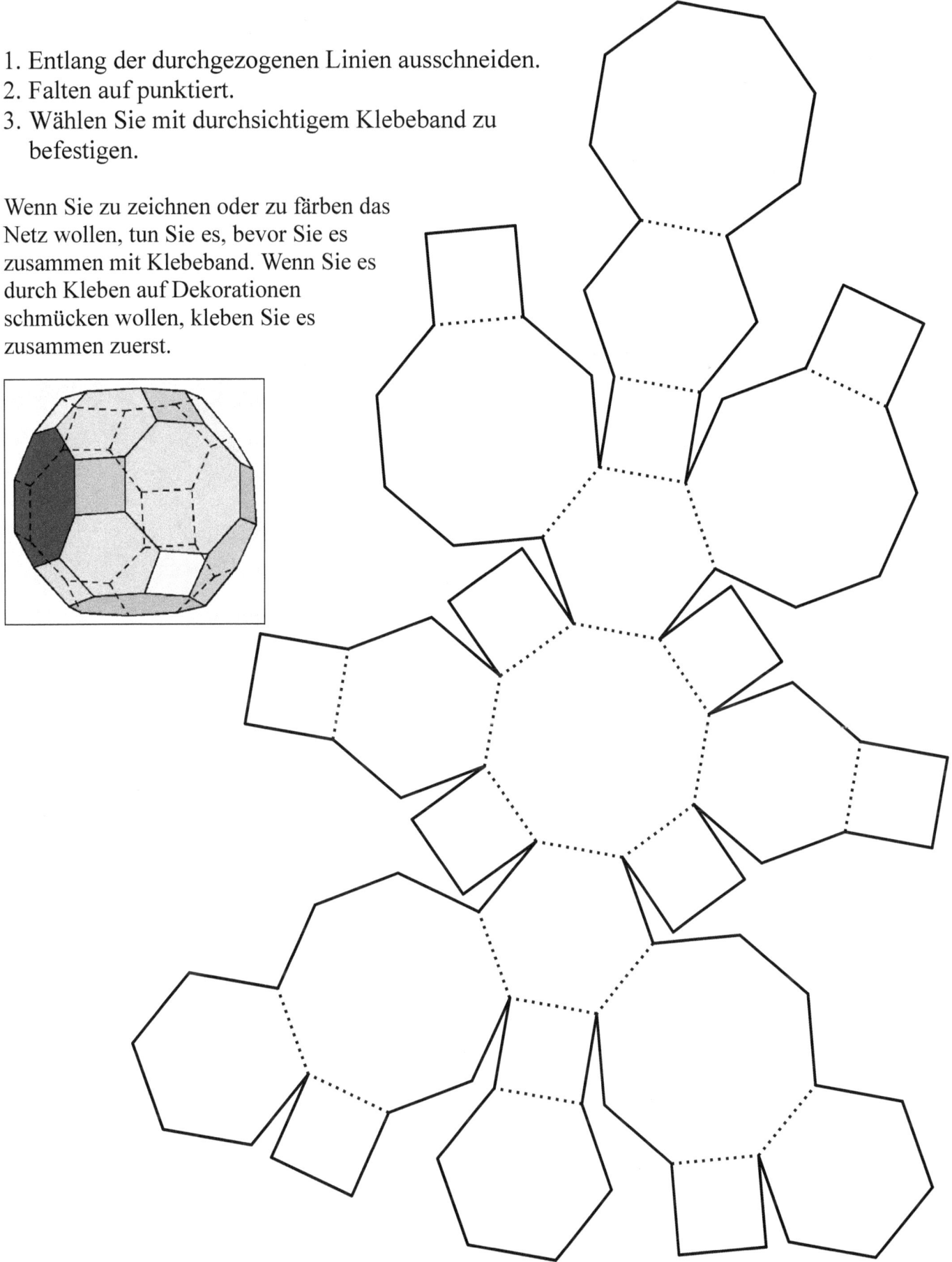

Geometrische Netze - Projektbuch von

Dodekaederstumpf

1. Entlang der durchgezogenen Linien ausschneiden.
2. Falten auf punktiert.
3. Wählen Sie mit durchsichtigem Klebeband zu befestigen.

Wenn Sie zu zeichnen oder zu färben das Netz wollen, tun Sie es, bevor Sie es zusammen mit Klebeband. Wenn Sie es durch Kleben auf Dekorationen schmücken wollen, kleben Sie es zusammen zuerst.

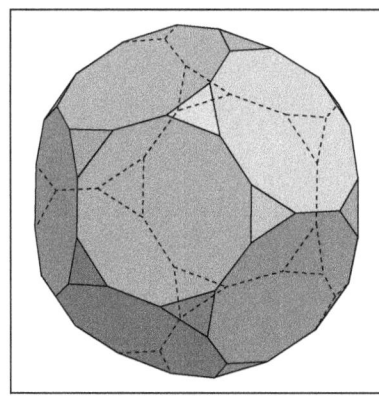

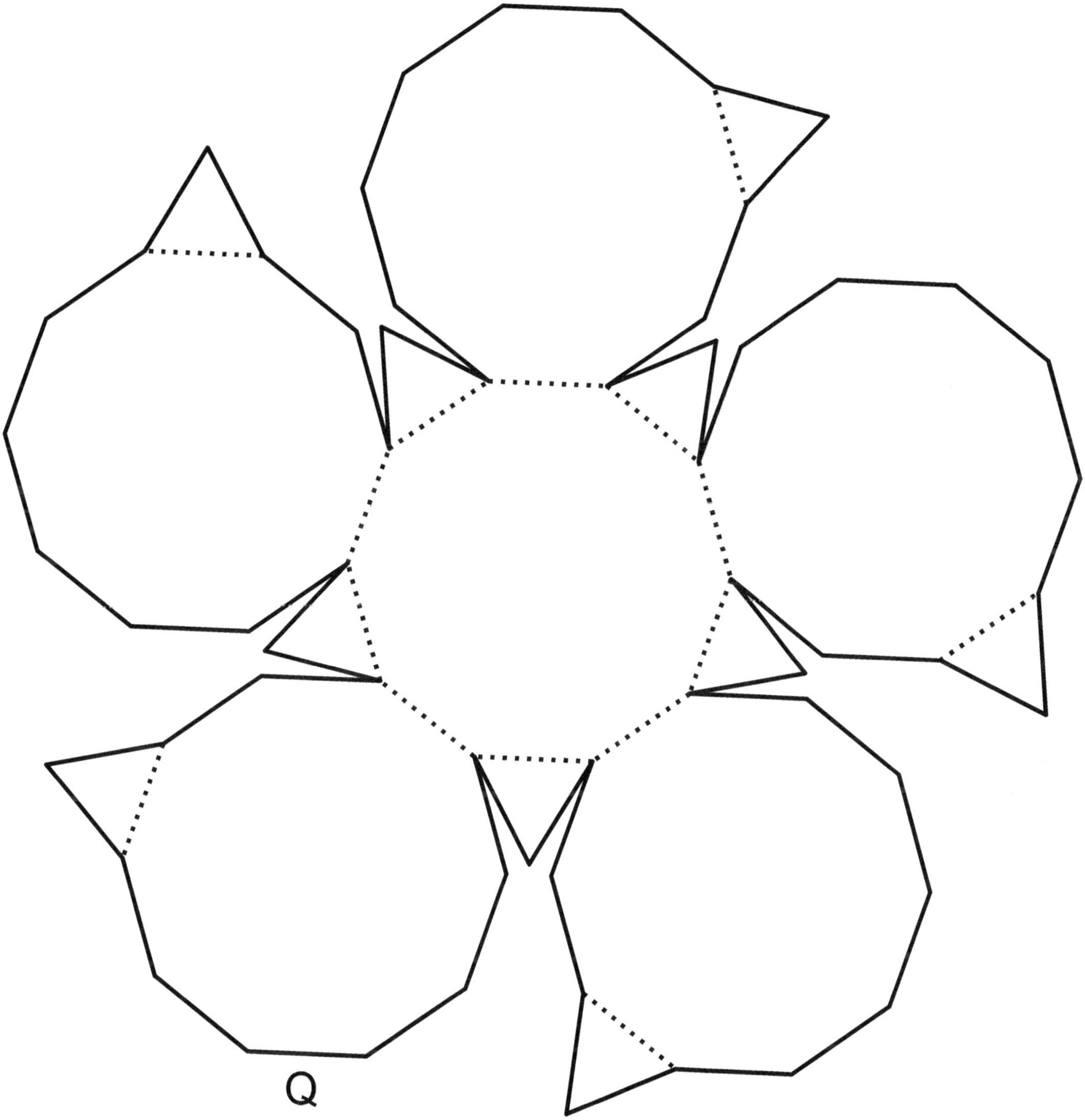

Q

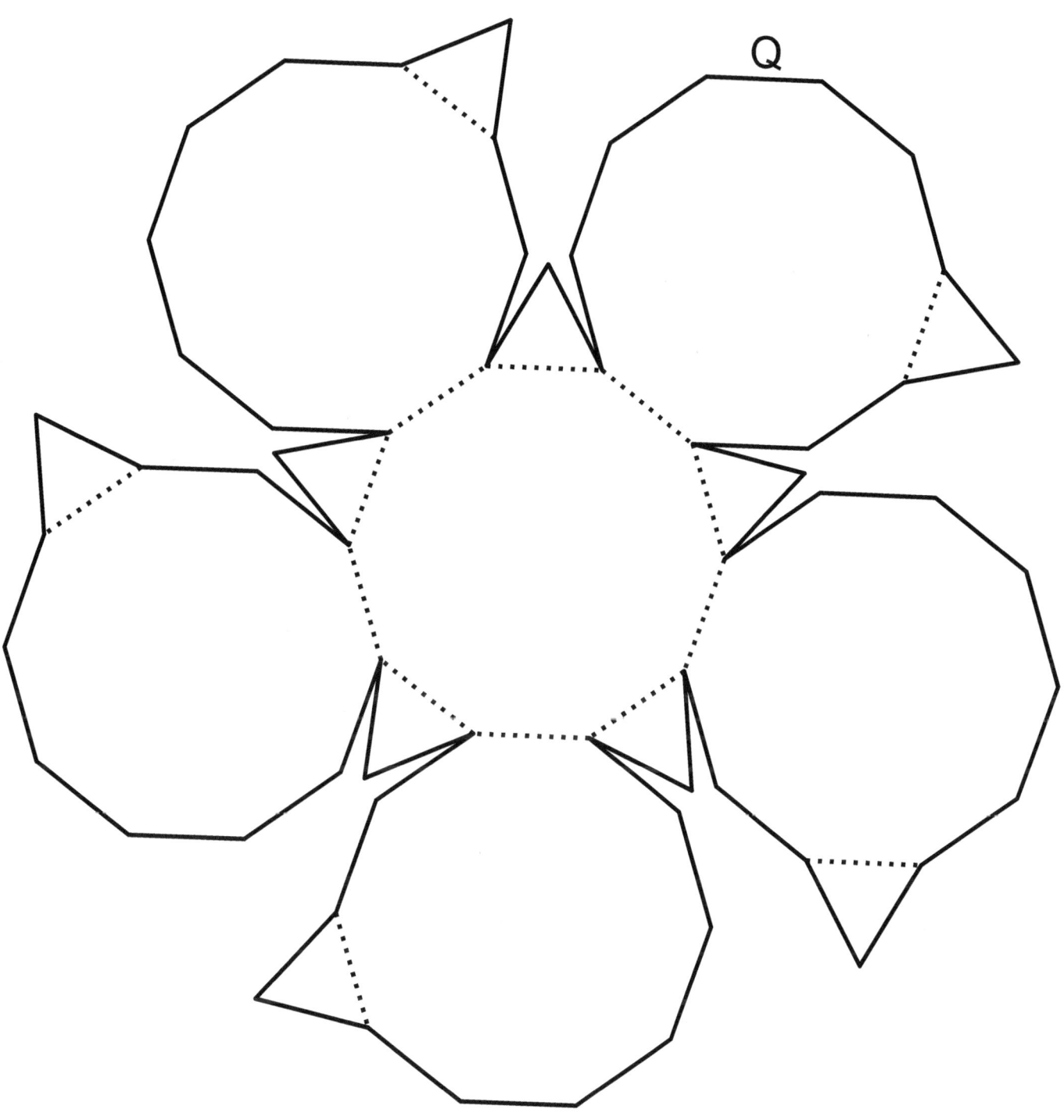

Ikosaederstumpf

1. Entlang der durchgezogenen Linien ausschneiden.
2. Falten auf punktiert.
3. Wählen Sie mit durchsichtigem Klebeband zu befestigen.

Wenn Sie zu zeichnen oder zu färben das Netz wollen, tun Sie es, bevor Sie es zusammen mit Klebeband. Wenn Sie es durch Kleben auf Dekorationen schmücken wollen, kleben Sie es zusammen zuerst.

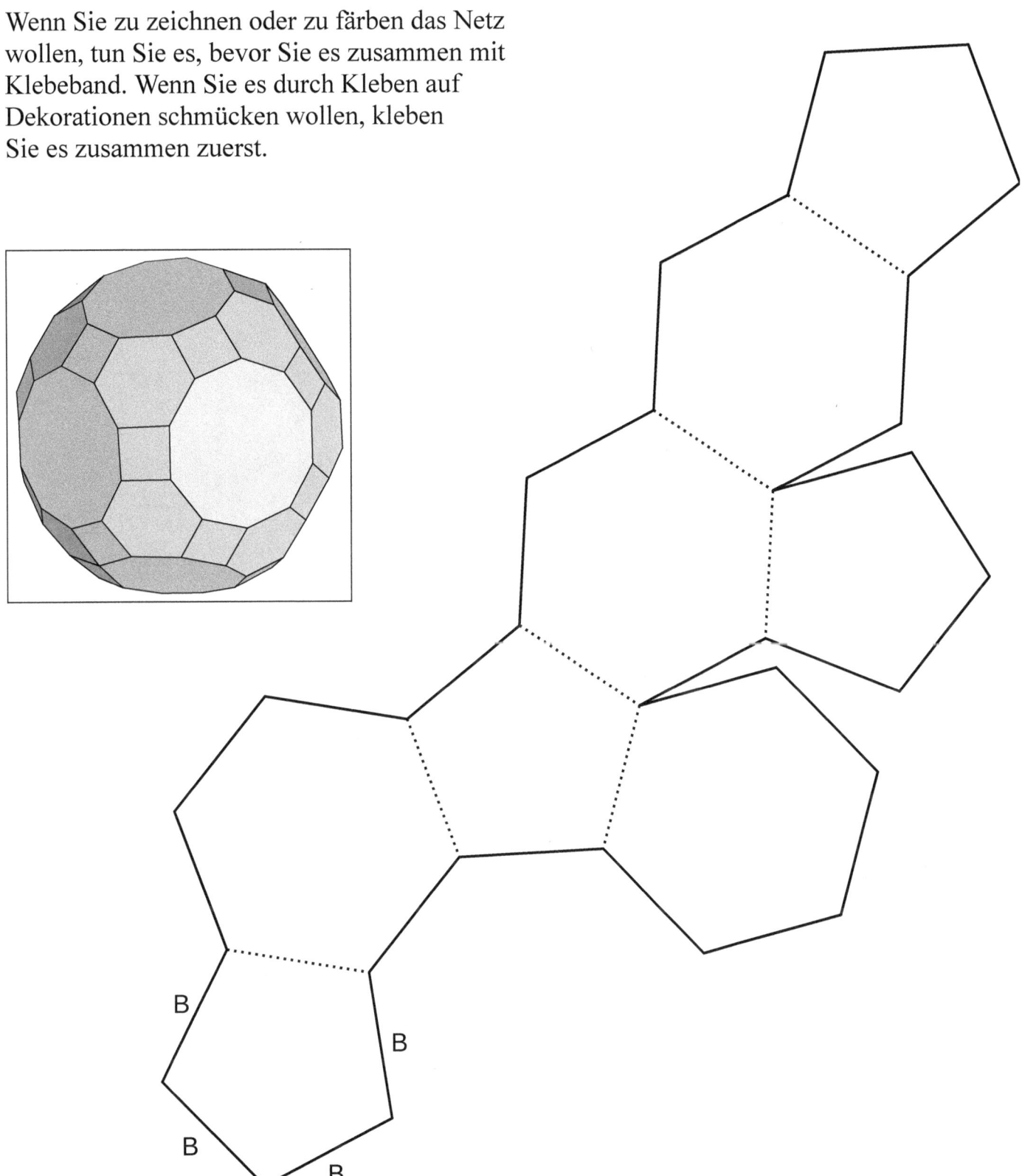

Geometrische Netze - Projektbuch von

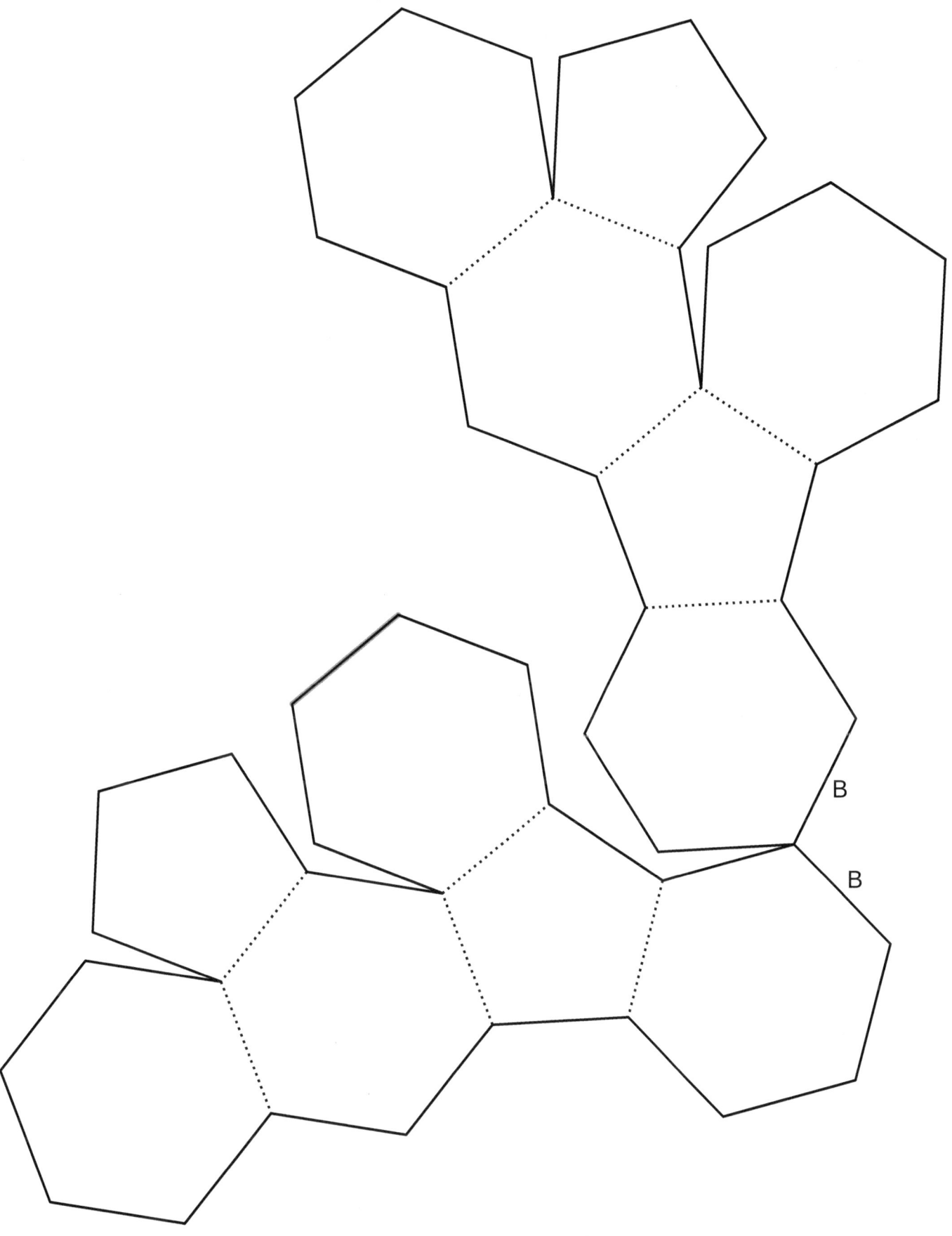

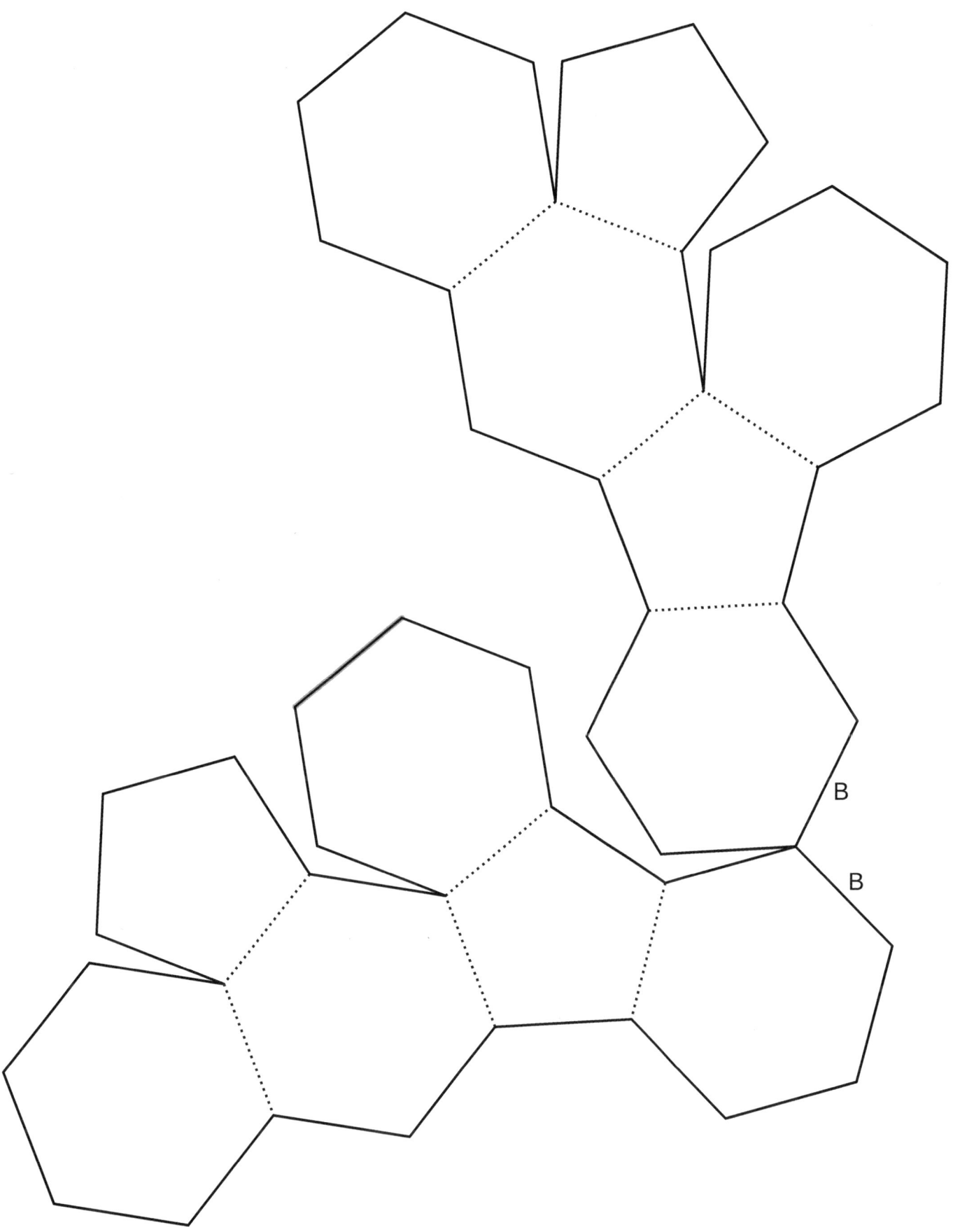

Geometrische Netze - Projektbuch von

Großes Rhombenikosidodekaeder

Der komplette Großes Rhombenikosidodekaeder ist auf drei Seiten gedruckt. Kopieren Sie die drei Seiten, schneiden Sie die Formen, und kleben Sie die fünf Teilen zusammen am Registerkarte A. Dann legen Sie es zusammen wie normal.

1. Entlang der durchgezogenen Linien ausschneiden.
2. Falten auf punktiert.
3. Wählen Sie mit durchsichtigem Klebeband zu befestigen.

Wenn Sie zu zeichnen oder zu färben das Netz wollen, tun Sie es, bevor Sie es zusammen mit Klebeband. Wenn Sie es durch Kleben auf Dekorationen schmücken wollen, kleben Sie es zusammen zuerst.

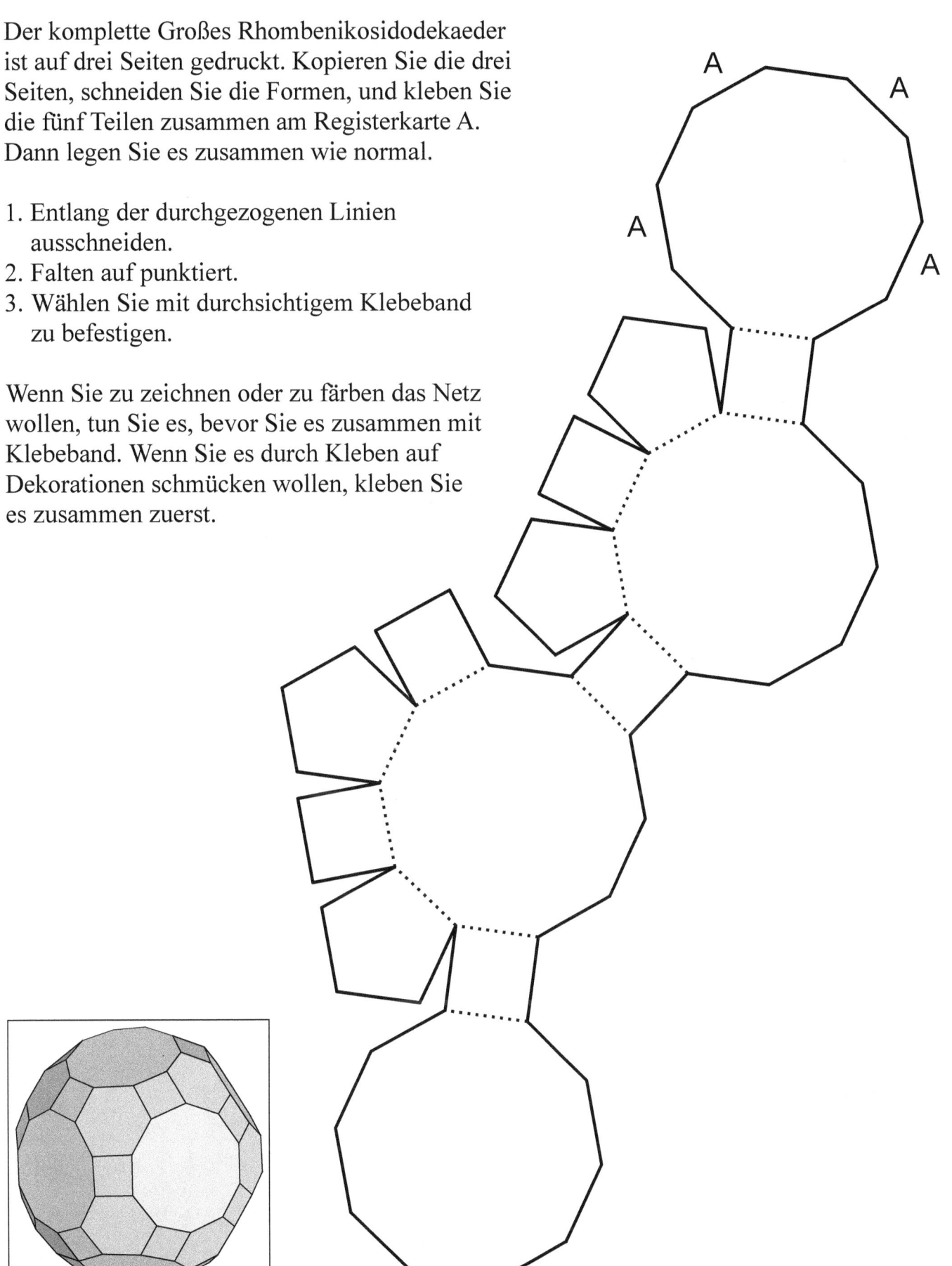

Geometrische Netze - Projektbuch von

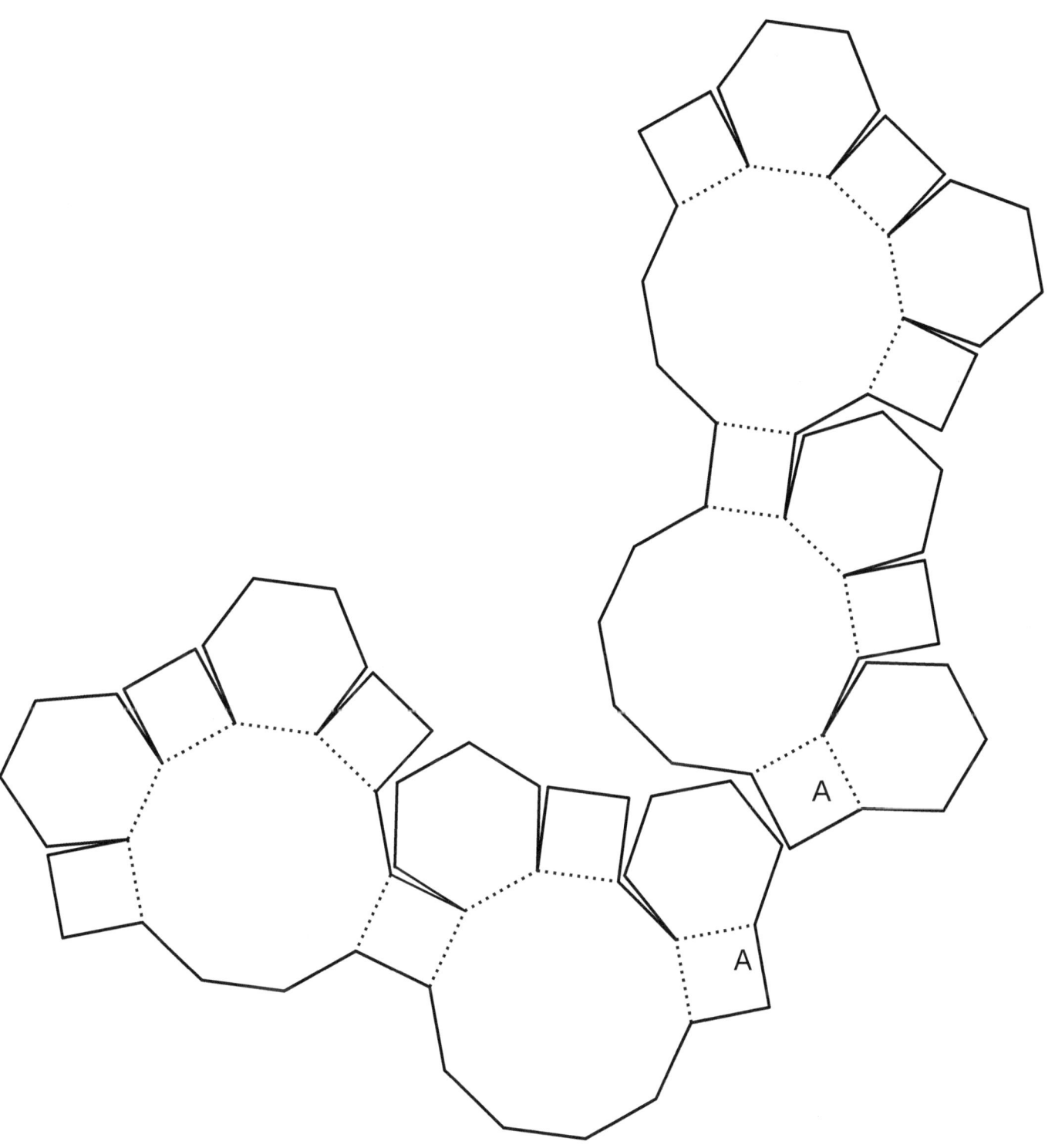

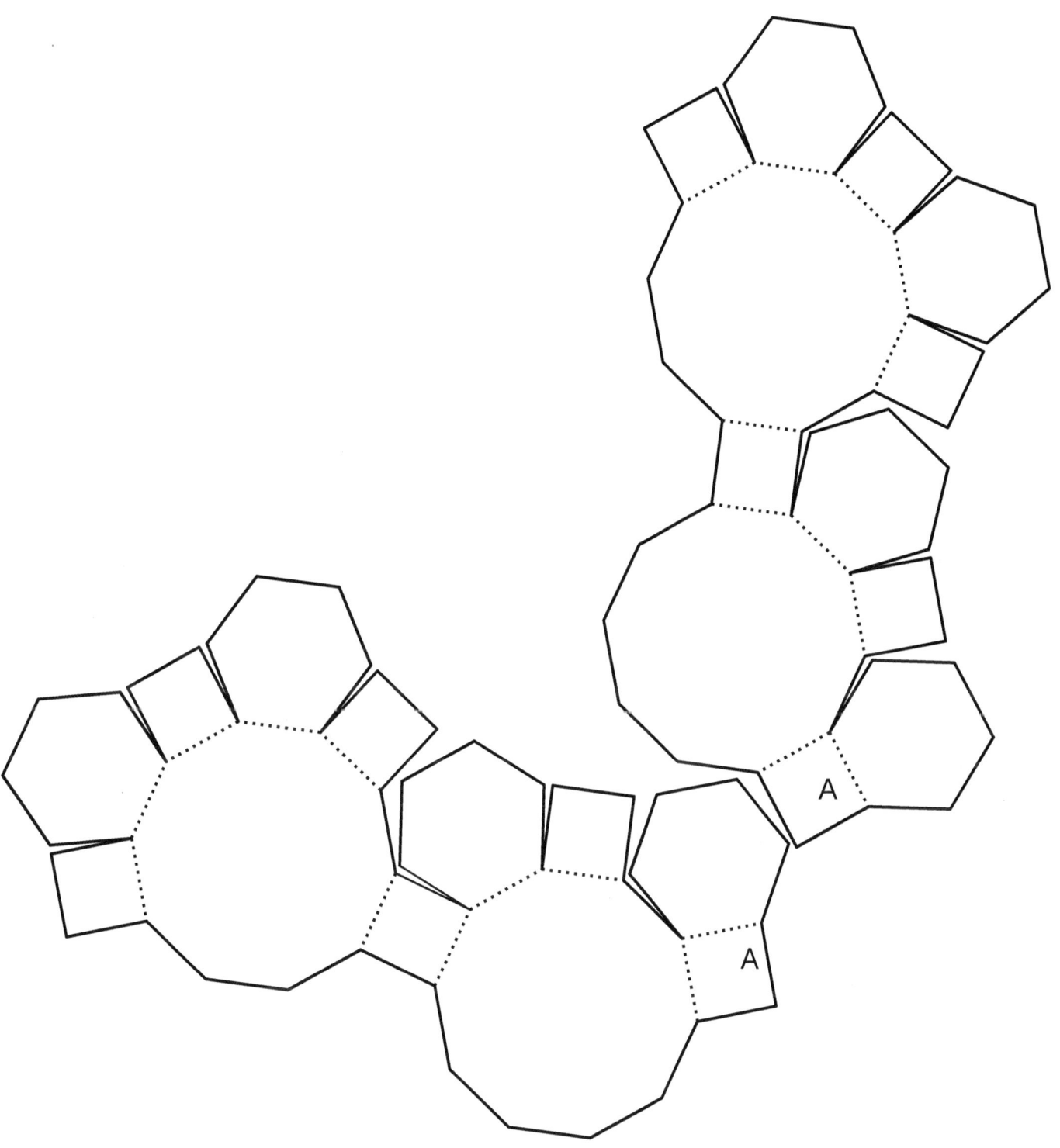

Oktaederstumpf

1. Entlang der durchgezogenen Linien ausschneiden.
2. Falten auf punktiert.
3. Wählen Sie mit durchsichtigem Klebeband zu befestigen.

Wenn Sie zu zeichnen oder zu färben das Netz wollen, tun Sie es, bevor Sie es zusammen mit Klebeband. Wenn Sie es durch Kleben auf Dekorationen schmücken wollen, kleben Sie es zusammen zuerst.

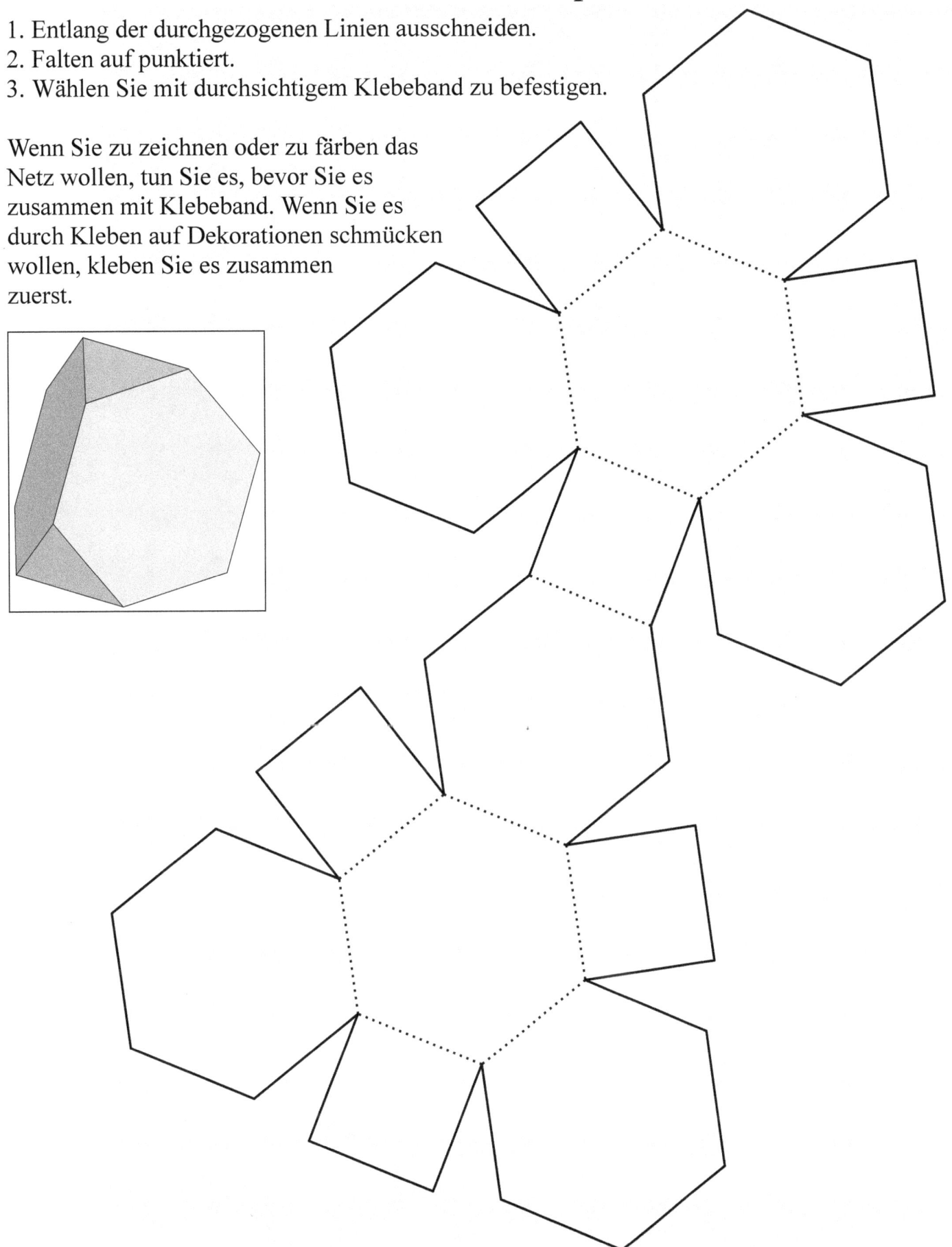

Geometrische Netze - Projektbuch von

Urheberrecht 2015 darf für den gelegentlichen, nichtkommerziellen Bildungs nur Gebrauch kopiert werden. Siehe Copyright-Hinweis für weitere Informationen.

Abgestumpftes Tetraeder

1. Entlang der durchgezogenen Linien ausschneiden.
2. Falten auf punktiert.
3. Wählen Sie mit durchsichtigem Klebeband zu befestigen.

Wenn Sie zu zeichnen oder zu färben das Netz wollen, tun Sie es, bevor Sie es zusammen mit Klebeband. Wenn Sie es durch Kleben auf Dekorationen schmücken wollen, kleben Sie es zusammen zuerst.

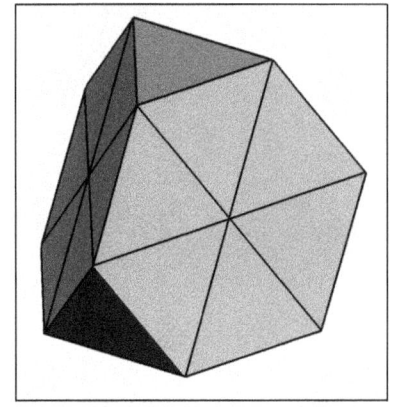

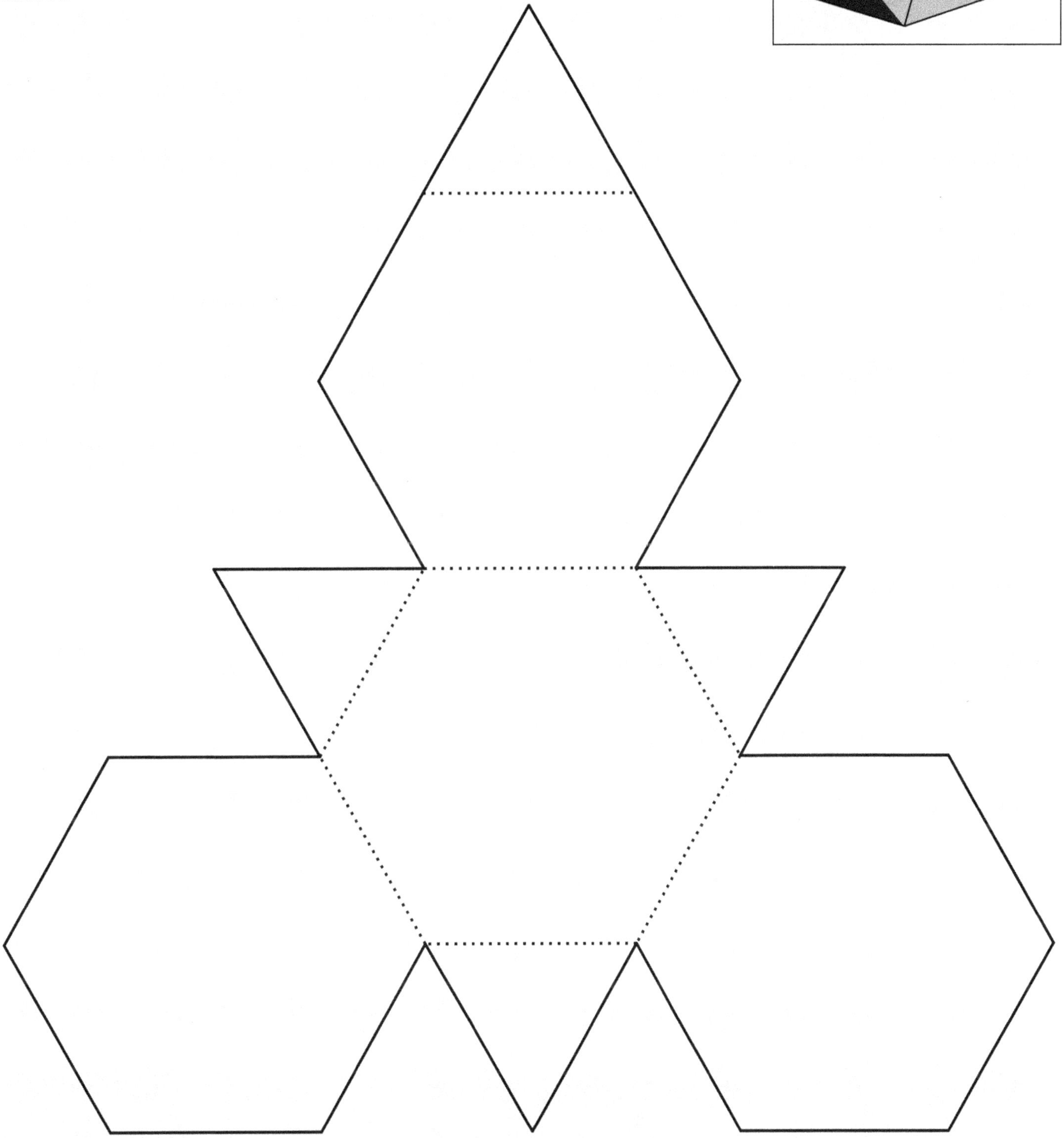

Fünfeck Stern-Pyramide

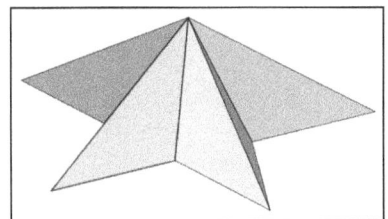

1. Entlang der durchgezogenen Linien ausschneiden.
2. Falten auf punktiert.
3. Wählen Sie mit durchsichtigem Klebeband zu befestigen.

Wenn Sie zu zeichnen oder zu färben das Netz wollen, tun Sie es, bevor Sie es zusammen mit Klebeband. Wenn Sie es durch Kleben auf Dekorationen schmücken wollen, kleben Sie es zusammen zuerst.

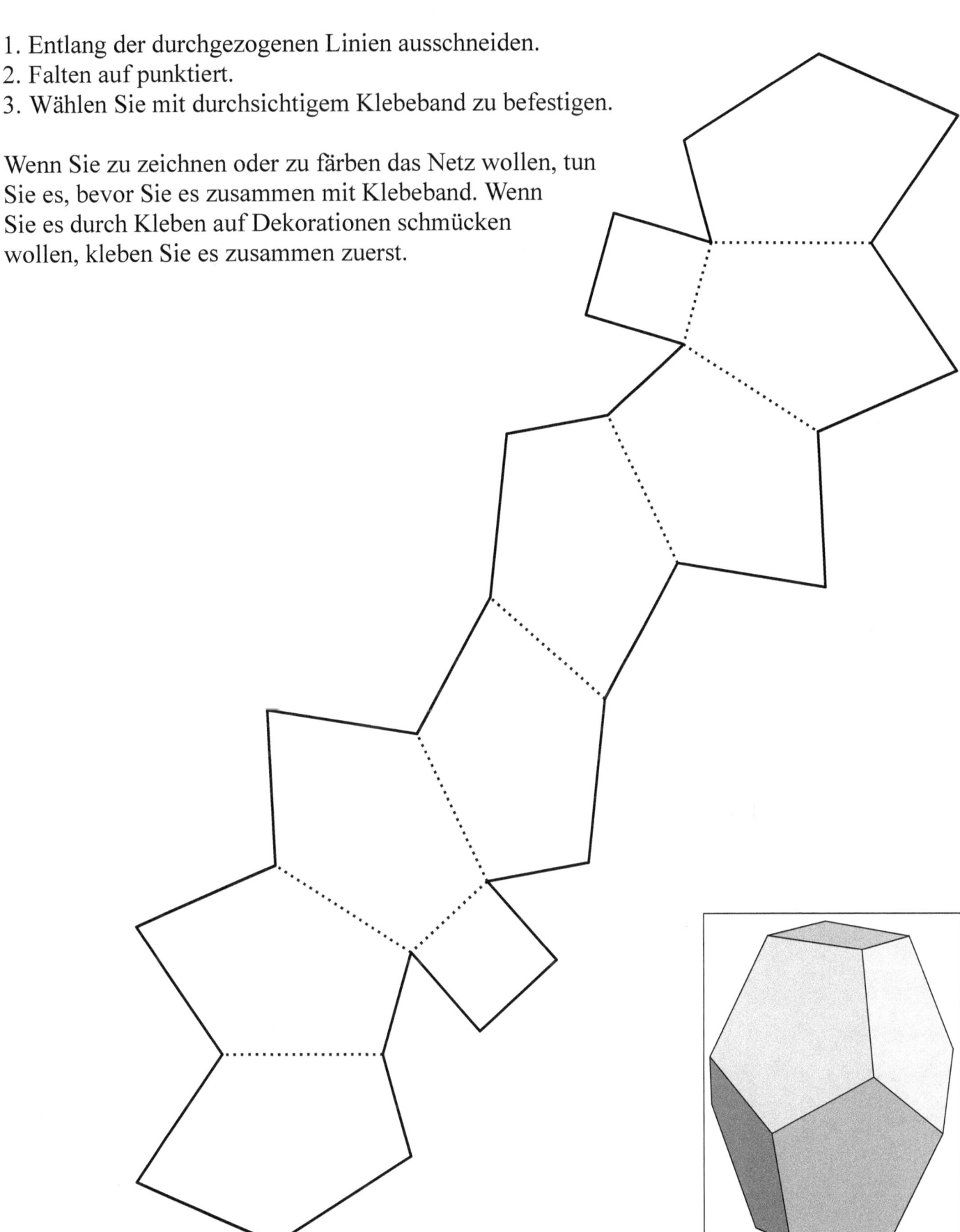

www.ingramcontent.com/pod-product-compliance
Lightning Source LLC
LaVergne TN
LVHW081533060526
838200LV00048B/2075